引玉之砖

一个农村商业银行分支行行长的经营管理之道

韦 莹 著

东南大学出版社
SOUTHEAST UNIVERSITY PRESS
·南京·

图书在版编目(CIP)数据

引玉之砖：一个农村商业银行分支行行长的经营管理之道 / 韦莹著. -- 南京：东南大学出版社，2025.2. -- ISBN 978-7-5766-1888-4

Ⅰ.F832.33

中国国家版本馆CIP数据核字第20254WB596号

责任编辑：陈　淑　　责任校对：子雪莲　　封面设计：毕　真　　责任印制：周荣虎

引玉之砖：一个农村商业银行分支行行长的经营管理之道
Yinyu Zhi Zhuan：Yige Nongcun Shangye Yinhang Fenzhihang Hangzhang De Jingying Guanli Zhi Dao

著　　者	韦　莹
出版发行	东南大学出版社
社　　址	南京四牌楼2号
网　　址	http://www.seupress.com
出 版 人	白云飞
经　　销	全国各地新华书店
印　　刷	广东虎彩云印刷有限公司
开　　本	700 mm×1 000 mm　1/16
印　　张	12
字　　数	190千字
版　　次	2025年2月第1版
印　　次	2025年2月第1次印刷
书　　号	ISBN 978-7-5766-1888-4
定　　价	69.00元

本社图书若有印装质量问题，请直接与营销部联系。电话(传真)：025-83791830。

前　言

农村商业银行(简称"农商银行")一般是指由辖内农民、个体工商户、企业法人和其他经济组织共同入股组成的股份制地方性金融机构，是农村金融体系改革的产物，其前身是立足于广大农村的农村信用合作社，主要定位是扎根农村市场，服务"三农"和中小微企业。按照法人机构类型可分为县域农商银行和地级市农商银行。截至2023年末，全国共有1 600多家农商银行，网点数超过80 000个，总资产规模约44.22万亿元。农商银行主要组织架构分为总行—支行(管辖行)—二级支行和总行—二级支行架构模式。分行与二级支行的区别是分行内设多个管理部门，负责管理及业务推动工作，其中部分规模较大的农商银行还存在跨区域经营情况，设立异地分支机构。

在整个农商银行管理体系中，分支行发挥着极其重要的作用，是一个承上启下的关键层级，它既是高层战略政策的执行者，也是基层经营管理的领导者。随着市场化程度越来越高，同业竞争以及国有大行业务下沉愈演愈烈，农商银行的业务营销模式也在逐步改变，原来主要依赖自身独特的地域优势带来业务自然增长的"坐商"模式，现转变为主要依赖分支行行长等营销人员外拓业务的"行商"模式；在管理模式上，也逐步由过去的粗放式管理转变为现在的精细化管理。因此，对分支行行长经营管理能力提出了更高更实的要求，不但要搞好营销工作，具备完成上级行各项任务指标的经营能力；还要做好风险防控，具备确保网点经营管理稳健发展的风险控制能力；更要"管好人"，具备带好团队的人员管理能力。然而，面对竞争激烈的市场环境、非常苛刻的业绩考核，部分分支行行长因经营管理不善等问题面临着被调整岗位，甚至被淘汰的局面，从而中断了自身的事业和前途。因此，探索出一套快速提升分支行行长的经营能力、风险控制能力和管理能力，理顺并形成清晰、具有竞争力的经营管理思路的理论，显得尤为重要。本人在初任分支行行长岗位时，也曾有很多困惑和迷茫，其时不断与领导及前辈交流沟通，并寻找一些著作和论文来拜读，试图从中探索出一套经营管理好分支行的模式，从而达到提升自身营销和管理能力的目的，但是通过检索文献发现，目前市场上有少量关于如何做好一名分支行行长的著作，如古剑和邢晓理共同编著的《做最好的银行支行长》、赵忠世的《行长札记——一个商业银行分行高管的管理感悟》等，这些著作阐述了分支行行长所应具备的素质、条件以及经营管理思路、方法，有不少管理上的经验值得借鉴，但总体来看，阐述的岗位层次比较高、管理方法较为宏观、理论性较强，缺乏具体业务的管理方法，需要较强的领悟能力才能逐步消化吸收，特别是对于初任分支行行长来说，因缺乏实践经验，一时半会难以理解和消化，达不到指导实际工作、具体实践的目的。

　　本人从农商银行基层做起，历经柜员、客户经理、总行办事员、部门经理、县域支行行长及分行行长等岗位，同时参与过所在行首家异地分行的筹建及后续经营管理、区域中心支行的筹建及后续经营管理等工作，对分支行经营管理工作思路有系统性思考，同时在工作实践中也曾尝试探索并落地多种经营管理方法，部分做法为行内首创，且对分支行的有效经营和积极管理起到了重要作用。本书试图理顺经营管理思路，把有效的经营管理方法概括总结形成体系，供处于迷茫彷徨状态的分支行行长，特别是初任分支行行长学习借鉴，使之能够打开工作思路，找到一套适合自身需要的经营管理方法，达到有效提升自身经营管理能力的目的。

分支行行长作为基层一线的经营管理人员,既要当好业务经营的"战斗员",又要当好管理工作的"指挥员"。做好银行经营管理工作,必须具备一定的品格素质和管理能力,也要理清思路、抓住重点,形成系统性思维,才能为分支行的发展定好向、掌好舵。总结当前分支行行长履职情况,部分分支行行长存在履职困难甚至被淘汰的情况,主要原因在于部分支行行长品格、能力存在缺陷,缺乏经营管理思路,还存在"充满激情、缺乏经验""侧重营销、轻视管理""重视经营、漠视合规""注重短期、忽视长期"等现状问题。本人从长期从事的基层经营管理岗位实践出发,认为分支行行长要高效履职,做到合格乃至优秀,要有优良的品格素质、清晰的经营思路、得当的管理方法,能够做到用"心"经营与用"情"管理相结合。经营的重点在于拓展服务客户;管理的重点在控制风险,调动员工积极性,两者要有机统一、相互促进。分支行行长需要具备"四个品格""五个能力",充分发挥党建引领作用,在坚持"以客户为中心"理念和"以奋斗者为本"理念的前提下,持之以恒围绕渠道、服务、风控、效益、机制、文化、党建等七个方面的思路开展经营管理工作,有效达成目标任务,实现稳健可持续发展。分支行行长需具备的"四个品格"为"高度""大度""韧度""温度";"五个能力"为"政治执行能力""统筹规划能力""组织协调能力""业务拓展能力"和"风险控制能力"。"以客户为中心"的理念就是坚持客户至上,把客户当太阳,永远围绕客户转;"以奋斗者为本"理念就是坚持以人为本,尊重人才,关爱人才,一切为了员工,一切依靠员工,充分发挥员工的主动性和积极性。"七个方面"的工作思路分别为:一是围绕客户从哪里来,找准渠道扩规模;二是围绕客户如何服务,形成合力提效能;三是围绕风险如何防控,找准方法夯基础;四是围绕效益如何提升,找准途径增效益;五是围绕机制如何优化,激发潜能生动力;六是围绕文化如何建设,找准方向聚合力;七是围绕党建如何引领,找准要点促发展。上述分支行行长应具备的品格和能力是有效经营管理分支行,做一名优秀分支行行长的前提条件,也是分支行行长事业前途可持续发展的重要保障,为理清工作思路并使其有效执行落地奠定了重要基础。分支行行长按照上述"七个方面"工作思路灵活开展经营管理,能够有效提升自身经营管理能力,顺利达成上级行下达的各项目标任务,为职业生涯的可持续发展提供了有力支撑。

序 一

2024年岁末,有幸收到作者的书稿,并邀我为之作序。初看题目,便觉得选题新颖,令人眼前一亮;再细读内容,更是发现其中蕴含着作者对商业银行经营管理工作的系统总结和深刻思考。这本书对于商业银行特别是农村商业银行的分支行行长,在激烈的市场竞争中探寻生存发展之路,很有现实意义。

农村商业银行作为我国金融体系的重要组成部分,始终肩负着服务乡村振兴战略、助力中小微企业发展的光荣使命。在金融改革深化、市场竞争加剧的今天,分支行行长作为农商银行基层经营管理的核心角色,既是总行战略的执行者,又是业务经营的管理者,更是支行团队的主心骨。他们直面业绩压力、风险挑战与管理难题,急需一套兼具理论高度与实践深度的指导体系。本书《引玉之砖:一个农村商业银行分支行行长的经营管理之道》恰逢其时,以作者十余载的基层耕耘为基石,为这一群体提供了破局之道。

作者曾就读于东南大学法学专业,思维缜密、逻辑清晰,具备较强的分析和解决问题的能力,善于创造性地整合内外部资源推动业务发展。从柜员、客户经理到总行办事员,从部门经理再到分支行行长,作者历经多岗位、多机构锤炼,亲历异地分行筹建、分支行管理等重大挑战,深知基层经营管理的痛点与盲点。从2021年升任分支行行长以来,不论在竞争激烈的城区支行,还是在资源相对匮乏的异地分行,他总能快速进入状态,团结带领干部员工较好地完成总行下达的任务目标,实现经营业绩稳步增长、内控管理扎实有效。

在商业银行管理架构中,分支行行长是挑战最大的中层管理岗位,既需要有精准洞察的营销能力,又需要有严谨高效的管理能力,更需要有韧性十足的抗压能力。年轻的初任者容易出现"充满激情,缺乏经验""侧重营销,轻视管理""重视业务,漠视合规""注重短期,忽视长期"等情况。本书凝结的不仅是作者的个人经验,更是对行业生态的深刻洞察。面对初任分支行行长的迷茫、同行者的困境,作者以"抛砖引玉"的初心,将实践中的试错与突破提炼为系统方法论,既填补了市场同类著作的实操空白,也为从业者架起了一座从理论到实践的桥梁。

本书的独特价值在于其"知行合一"的框架设计。作者提出分支行行长需锤炼"四个品格"——高度、大度、韧度、温度,培养"五个能力"——政治执行能力、统筹规划能力、组织协调能力、业务拓展能力与风险控制能力,并围绕党建引领、客户中心、奋斗者为本三大核心理念,构建覆盖渠道、服务、风控、效益、机制、文化与党建的"七维经营思路"。每一章节均以问题为导向,既有获客渠道的精准施策、风险防控的实务要点,亦有激励机制优化、文化建设落地的具体路径。书中案例鲜活、逻辑清晰,既可作为初任者的行动指南,亦为资深从业者提供了反思与迭代的镜鉴。

尤为难得的是,作者始终秉持"用心经营,用情管理"的初心,将冰冷的制度与人性化的管理相融合。书中对"以客户为中心"的诠释,是强调"客户是太阳"的服务哲学;对"以奋斗者为本"的实践,是倡导尊重与赋能的团队文化。这些理念不仅是管理智慧的凝练,更体现了一名金融从业者的情怀与担当。

当前,农商银行正处于转型攻坚的关键期,分支行行长的能力直接关乎自身的生存与发展。本书既是对经验的总结,更是对未来的启迪。它不提供一劳永逸的答案,而是以"引玉之砖"的姿态,激发读者的思考与创新。无论您是初履新职的基层管理者,还是探索变革路径的行业同仁,本书都值得置于案头,常读常新。愿每一位读者都能从中汲取力量,在农商银行的沃土上,书写属于自己的奋斗篇章。

江苏紫金农村商业银行股份有限公司党委书记

2025 年 1 月

序 二

时光荏苒，岁月如梭。转瞬间，我们已迈入充满挑战与机遇的 2025 年。在当今这个日新月异的时代，银行业作为金融体系的核心组成部分，其经营管理水平的高低直接关系到国家经济的稳定与发展。因此，对于银行业经营管理的研究，不仅具有理论价值，更具有重要的现实意义。"支行长强，则支行强"，农村商业银行分支行行长作为农商行基层管理的中流砥柱，他们的经营管理之道不仅关乎农村商业银行的兴衰，更影响着农村经济的发展。在金融理论与实践的交汇点上，我们总能发现一些引领时代潮流、推动行业进步的先锋人物和他们的智慧结晶。现在，我们欣喜地看到的这部由农村商业银行分支行行长所著的经营管理专著，正是这样一部充满实践智慧与理论深度的佳作。

本书作者，一位深耕农村金融领域数十余载，兼具理论素养与实践经验的支行行长，以其深厚的行业洞察力、敏锐的市场感知力，以及对农村金融事业的深沉热爱，以质朴而不失深度的笔触，将经营管理的精妙与人性的温度巧妙融合，勾勒出一幅幅生动的农村金融实践图景。在我看来，这不仅是一种管理智慧的体现，更是一种人文关怀的彰显。作者强调，在银行业日益同质化的今天，只有用"心"经营、用"情"管理，才能打造出具有独特竞争力的分支行，从而在激烈的市场竞争中脱颖而出。本书内容涵盖广泛，从分支行行长的素质品格、工作能力到具体的经营管理思路和实践案例,都进行了深入细致的剖析和总结。这些经验和做法不仅展现了农村商业银行的经营特点和发展规律,更为我们提供了丰富的实证资料和案例研究素材。尤为重要的是,这部著作的务实性极强,作者通过对实际案例的剖析与总结,为我们提供了宝贵的实践经验与启示。这些经验与启示不仅对正处于迷茫、无头绪状态的分支行行长具有极大的参考价值,更对整个银行业都是一笔难得的财富。我相信,通过学习和借鉴这部著作中的智慧与经验,广大分支行行长一定能够在实践中不断探索与创新,为银行的持续健康发展贡献自己的力量。

"用心经营",是作者对银行经营如何做到以客户为中心的基本逻辑起点的深刻领悟与不懈追求。书中作者以其独特的视角,深入剖析了农村商业银行在激烈的市场竞争中,如何通过精准的市场定位、差异化的产品策略、科学的风险管理、高效的营销与服务,构建起一套既符合农村金融市场特点,又能满足"三农"多元化需求的经营体系。作者不仅详细阐述了市场洞察、产品创新、风险控制等关键环节的实践经验,更以深邃的思考,探讨了新时代背景下,农村商业银行如何把握机遇、迎接挑战的战略路径。这种对业务的匠心独运与对未来的前瞻视野,不仅展现了作者对金融业务的精湛驾驭能力,更彰显了其作为金融管理中坚力量的责任担当与使命情怀。

"用情管理",则是作者对团队建设与企业文化塑造的独到见解与深情实践。作者深知,人才是企业发展的核心,而情感是连接人心、激发潜能的桥梁。书中作者以细腻的笔触,生动描绘了如何通过真诚的情感沟通、公平的激励机制、和谐的工作氛围,以及持续的人才培养与团队建设,打造了一支充满活力、团结协作、勇于担当的高效团队。作者不仅分享了团队建设中的成功案例与宝贵经验,更以深刻的人文关怀,探讨了如何在繁忙的业务中,关注员工成长、倾听员工心声、激发员工潜能,从而构建一个既充满挑战又温暖如家的工作环境。这种以人为本的管理理念与情感投入,不仅展现了作者的领导智慧与人文关怀,更为农村金融行业的团队建设与文化塑造提供了宝贵的借鉴与启示。

作为金融理论研究者,我深知实践是检验理论的最好标准。本书所展现的丰富实践经验和深刻管理感悟,对于我们完善金融管理理论体系、指导金融实践创新具有一定的意义。我相信,本书的出版,不仅是对作者个人职业生涯的一次全面梳理与深刻总结,更是对农村金融理论与实践的一次重要总结与提升。它以其独特的视角、深邃的思考、丰富的案例,为农村金融工作者提供了宝贵的经验借鉴与思想启迪,对于推动农村金融创新、提升金融服务质效、促进农村经济社会发展具有现实的指导意义。

品读此书,仿佛与作者并肩同行,在其职业生涯的点点滴滴中感受智慧的光芒与情感的温暖。作者的成功经验、深刻反思,无疑为每一位农村金融从业者提供了宝贵的借鉴与启迪。我坚信,无论是对于正在农村金融领域耕耘的同仁,还是对农村金融发展抱有热忱的社会各界,本书都将是一份不可多得的宝贵财富。

在此,衷心祝贺本书的出版,并对作者的辛勤耕耘、无私奉献表示由衷的敬意与深深的感谢,愿这部著作能够得到广大银行业同仁以及学术界同仁的广泛关注与深入研究。同时,也期待更多金融领域的同仁能够像作者一样,以心为舵,以情为帆,共同书写农村金融更加辉煌的未来篇章。

南京大学工程管理学院 教授、博士生导师,
银行研究中心主任,新金融研究院副院长

2025 年 2 月

目　录

第一章　分支行行长应具备的素质品格及工作能力 …………… 1
第一节　分支行行长履职现状分析 …………………………… 2
第二节　分支行行长应具备的品格 …………………………… 5
第三节　分支行行长应具备的工作能力 ……………………… 9

第二章　分支行主要经营管理思路 ……………………………… 15
第一节　主要经营管理思路框架 ……………………………… 16
第二节　主要经营管理思路要点 ……………………………… 18
第三节　主要经营管理思路实践 ……………………………… 25

第三章　围绕客户从哪里来，找准渠道扩规模 ………………… 29
第一节　加强获客渠道建设，实现精准有效获客 …………… 30
第二节　充分运用信贷产品，打通存款获客渠道 …………… 46
第三节　做实网格公私联盟，全面夯实客户基础 …………… 53
第四节　强化人员培训组合，有效赋能拓客建设 …………… 60

第四章　围绕客户如何服务，形成合力提效能 ………………… 69
第一节　树立正确服务理念，形成优质服务意识 …………… 70
第二节　强化岗位职责分工，提升有效服务能力 …………… 75
第三节　完善监督评价机制，确保服务质效实现 …………… 84

第五章　围绕风险如何防控，找准方法夯基础 …… 89
 第一节　合规风险防控要点 …… 90
 第二节　信用风险防控要点 …… 93
 第三节　操作风险防控要点 …… 100
 第四节　声誉风险防控要点 …… 105
 第五节　安全风险防控要点 …… 108
 第六节　案件防控防控要点 …… 110

第六章　围绕效益如何提升，找准途径增效益 …… 117
 第一节　分支行效益管理主要问题 …… 118
 第二节　分支行做实收益的管理措施 …… 121

第七章　围绕机制如何优化，激发潜能生动力 …… 129
 第一节　分支行激励机制现状 …… 130
 第二节　分支行激励机制逻辑分析 …… 132
 第三节　分支行优化激励机制措施 …… 135

第八章　围绕文化如何建设，找准方向聚合力 …… 147
 第一节　分支行文化建设意义 …… 148
 第二节　分支行文化建设要点 …… 150
 第三节　分支行文化建设途径 …… 154

第九章　围绕党建如何引领，找准要点促发展 …… 161
 第一节　分支行党组织党建工作现状 …… 162
 第二节　分支行党组织党建工作要点 …… 165
 第三节　分支行党组织党建工作思路 …… 167

后记 …… 172

第一章

分支行行长应具备的素质品格及工作能力

分支行行长作为分支行的一把手，全面主持各项工作，不但要尽心尽力从事经营工作，完成上级行下达的各项任务指标，同时还要尽心尽力开展管理工作，有效控制风险及塑造良好的文化。分支行行长是银行分支机构的领路人，有什么样的行长可能就会有什么样的分支行。行长的人格品质、思维方式、战略眼光以及经营思路都会对分支行及辖内的员工产生较深的影响，决定着分支行经营管理发展的走向，影响着每位员工的价值取向、工作思维及行为方式。一名优秀的分支行行长有很大可能带出一个优秀的分支行。"惟贤惟德，能服于人"，作为管理人，如果想要他人信服于你，就一定要具备贤德之能。具有优秀的品格素质及独当一面的工作能力是成为一名合格乃至优秀分支行行长的前提条件。

第一节

分支行行长履职现状分析

目前，全国农商银行法人机构数量超过1 600家，大概有8万家网点，对应的则可能有8万个分支行行长。农商银行的分支行行长数量庞大，因历史遗留问题导致干部员工年龄结构断层现象较为严重。随着人员迭代更新，"90后"员工逐步走上分支行行长的岗位，分支行行长越来越年轻化成为普遍现象。年轻干部有活力有激情，但也存在经验不足的现象。不少年轻员工"坐上"分支行行长的岗位容易，但是"坐稳"岗位却不是那么容易。随着市场竞争愈演愈烈，部分分支行行长因经营目标不达标或管理问题被调整岗位甚至逐步被淘汰,主要原因有缺乏足够的经验、管理能力不足、过于注重短期利益等。如何让分支行行长提升经验管理能力,快速适应市场发展节奏,是新时代农商银行经营发展过程中必须认真思考的问题。本人结合身边真实案例,将目前农商银行的分支行行长履职情况进行了总结,大致有四个方面的特点。

一是充满激情,缺乏经验。由于农商银行干部员工年龄结构严重断层以及人员结构迭代更新,年轻人前往基层一线锻炼,从事营销岗位的趋势越来越明显,分支行行长年轻化趋势也越发明显。年轻最大的益处在于充满着活力和激情,对新鲜事物充满好奇,敢于接受挑战;最大的短板在于缺乏经验,需要经过一段时间的磨合和锻炼才能适应新的岗位,要做得好更需要时间的积累和沉淀。新上任的分支行行长必定充满着激情,对未来的事业信心满满,内心暗暗下了要干出一番事业的决心。可是理想很丰满,现实很骨感。有时因人才培养机制以及人员更新迭代速度等问题,部分分支行行长缺乏岗位经验或管理经验,出现被赶鸭子上架的现象。出现这种情况的主要原因有:一方面在担任分支行行长岗位之前只做过总行或上级行的机关办事员或者是来自基层岗位的营销人员,在上任之前并未经过相关岗位的系统性锻炼,缺乏营销思路,摸索不到准确的营销方向,同时缺乏管理思路和方法,导致有些基层员工不太配合工作等问题,造成开展业务的途中充满各种挑战和困难;另一方面对分支行行长缺乏有效的培训和培养机制,导致新上任的分支行行长以及业绩排名靠后的行长的能力得不到及时提升,同时缺乏经营管理经验。部分悟性高的分支行行长需要经过几年的摸索逐步成熟及成才,部分分支行行长没等到真正成才就因业绩不达标被无情淘汰。

二是侧重营销,轻视管理。分支行营销固然非常重要,没有有效的营销就完成不了上级行的考核任务,但管理也很重要,因为出了问题会导致自己丢了"乌纱帽"。分支行行长是单位的"一把手",全面负责单位各项事务。然而,部分分支行行长对自身的角色定位认识存在一定偏差,认为行长主要职责是外拓营销业务，努力完成上级行下达的各项指标。对内部事务的风险控制及员工的管理有所轻视，认为就这么几个人，都是成年人，管不管理无所谓，不会出多大的事情，所以这些事有的交由内勤主管全权管理，有的甚至就不管理。部分分支行行长甚至出现很少到单位报到坐班的情况，整天游走于客户之间，对内部事务基本不闻不问，重营销、轻管理的思想比较严重。这样即使经营业绩指标完成得很好，但也会因轻视管理导致内部矛盾重重，人员思想涣散、行为散漫，甚至还会发生一些重大风险，各项管理指标考核难以达标，长此以往会造成总行或上级行对其管理能力产生怀疑。

三是重视业务，漠视合规。"合规创造价值，违规寸步难行。"分支行行长漠视合规的做法，可能会将分支行多年经营发展的成果毁于一旦。部分分支行行长重视业务经营，漠视合规风险管理。面对上级行下达的经营考核指标压力，部分分支行行长认为必须先把业绩指标完成，要先保住"乌纱帽"，其他问题可以后面再说，可谓"留得青山在，不怕没柴烧"。这样青山可能留住了，但隐患一直存在，一旦暴露便一发不可收拾，从而影响自身安全，甚至断送事业前途。从目前监管部门的监管形势看，监管政策愈发从严从紧，监管处罚趋于严苛，对查处出的违规行为实行"双罚"，不但对单位予以经济处罚，同时对单位的相关责任人员予以纪律处分等。因此，违规办理业务，会受到监管处罚，会断送自身的前程，也会影响分支行的稳健发展。另外，部分分支行行长为完成业绩指标不惜与不良中介合作，内外勾结，联合包装客户材料，骗取银行信用。甚至还有为了发点小财收取客户费用，涉嫌违法违规。这些行为一旦被上级行查处，必将带来严重后果。

四是注重短期，忽视长期。分支行行长的战略眼光放得越远，工作就越有前瞻性，分支行的发展空间也就越大。相反，若分支行行长只从个人的短期利益出发，不做长远打算，甚至在决策上杀鸡取卵、寅吃卯粮，分支行的可持续发展也将无从谈起。例如，建设获客渠道，拓展客户来源，是分支行行长的使命之一,也是网点长期可持续发展的重要保障。但是受监管部门轮岗期限限制以及个人短期业绩利益的驱使,迫于政策现状和业绩压力,分支行行长的做法往往会显得急功近利,在经营业务过程中看重短期利益、忽视长期投入。为了快速完成业绩指标,"垒存贷款大户"的思想比较严重。大户可以解决短期考核利益,但是维护成本较高,后续也可能存在"辛辛苦苦一整年,一夜回到解放前"的经营风险。此外,网格化管理、社区活动等基础性工作未能得到有效落实,或没有长久坚持。很多分支行行长为了追求短期效益,不愿意花费精力和财力深入开展网格化工作,主要原因在于网格化深入的程度以及周边百姓的认可程度取决于平时网格化活动的开展情况,需要长时间积累才能逐步取得效果。

分支行行长应具备的品格

品格反映一个人的基本素质,它决定了其为人处世的基本人生态度。优秀的品格会赢得别人的尊重,能够为自己带来更多的机会。作为一个分支行行长,必须具备良好的品格,它是经营管理好分支行的前提,也是自己事业前途可持续发展的重要保障。能够担任分支行行长职务,必然是经过一定程序选拔,最终由单位党委任命而产生的。在选拔过程中,组织部门对其品行能力会严格审核把关,要点包括但不限于业绩是否突出、群众是否认可,是否具备诚实守信、遵纪守法、自信自立、谦虚谨慎的品质,这些条件的设置和审核能够确保担任分支行行长的人选具备岗位所需的基本品格。然而,分支行行长需要具备哪些优秀的品格才有助于经营管理工作的有效开展呢?对此各人观点不可能完全一致,甚至会出现"仁者见仁,智者见智"的现象。本书围绕分支行行长经营管理工作中的两个主要对象"客户"和"员工"展开阐述,认为分支行行长除要具备担任分支行行长的基本素质条件外，还需要具备"四个品格"，即"高度""大度""韧度""温度"。其中"高度"和"韧度"有助于提升经营客户的能力和水平，"大度"和"温度"有助于提升员工管理的能力和水平。

一、高度把握方向

高度是一种境界，是一种眼光。它会让我们看到生活的长远和全局，让我们能够超越眼前的利益，看到更远大的目标。做人要有高度，才能有远见、有规划、有策略。就像登山一样，只有站在高处，才能看到山下的全景，才能把握自己的方向。《帝范》云："取法于上，仅得为中；取法于中，故为其下。"主要意思是说：我们立一个上等的目标，可能会得到中等的成绩；我们立一个中等的目标，可能会得到下等的成绩。那么，就可以推论得到，我们立一个下等的目标，将可能什么都得不到。

分支行行长作为分支行的主要负责人、单位的"一把手"，需要不断拓宽自己的视野，练就自己的高度，才能有助于准确判断发展方向，把握发展全局，实现单位的稳健可持续发展目标。短期的利益行为会让单位失去更多的发展机会，不利于单位稳健可持续发展。在工作实践中，分支行行长的"高度"主要体现在对单位的业务、管理以及人员培养需要做出提前规划，为后续发展增添力量。一是要结合分支行当前业务发展情况，对单位后期的业务发展做出整体规划，提出确切目标。例如，面对分支行现有客户基础薄弱问题，要制定提升客户基础的中长期规划，明确目标及具体提升举措。二是要结合分支行目前管理现状，对单位的管理工作做出整体规划，主要要能够从源头上控制风险，提高管理质效，减少不必要的损失。比如在业务开展初期就要谋划制定该项业务的风险管理流程、标准以及管控措施等，以免等业务操作不规范行为出现后再去规制从而造成不必要的损失。三是要结合目前现有的人员培养情况，对单位人员培养做出整体的发展规划。分层培养、因"龄"施策，为单位新进员工制订短期培养计划，对中青年员工制定职业能力提升及发展规划，配套人员评先评优办法、评价退出办法以及后备晋升管理办法等等。

二、大度决定格局

大度是指有宽广的胸怀、包容的态度，能容天下难容之事。老子有言："上善若水，水善利万物而不争。"品行高尚的人，像水一样，能够包容、滋养万物，却不争不抢。俗话说："海纳百川，有容乃大。"大度就像是心中有大海，能够包容万象，能够化解所有的困难。大度决定格局，格局大了就能容言、容人、容事。格局小的人，会置身于自己的方寸之地，沉沦于鸡毛蒜皮的琐事之中，难以成大事。

分支行行长作为分支行的主要负责人、单位的"一把手"，在经营管理过程中需要练就自己的大度，提升自身的格局，能容忍合理冲突的存在，能听进不同声音，允许不同观点存在，实事求是分析问题、解决问题，做出客观合理的管理决策。如果仅依靠自己的兴趣爱好和偏见做出决策，会失于偏颇，不利于落实执行，也容易失去人心，破坏和谐的工作氛围。分支行行长的大度主要表现在：一是善于广开言路、集思广益，在做出决策前及时收集不同的意见及建议，多方面、多角度听到、听进员工不同的声音，并能正确判断员工声音的真假、意见是否客观合理，及时采纳合理化意见或建议，在此基础上做出准确判断和决策，让决策更务实更合理更有效。二是拥有宽阔胸怀、公平公正，提升自身的格局，不要与员工斤斤计较，得饶人处且饶人，尽量避免因权力因素和认识偏见对员工认识产生偏差，造成员工心理压力，影响员工的前途。要真正做到对事不对人，而不是对人不对事，也要避免在单位搞小团体主义，拉帮结派，影响员工团结与和平相处。三是做到深入群众、关爱员工，要经常性与下属员工开展交流谈话，与员工分享经营成果，为员工答疑解惑，消除疑虑，排忧解难，不断拉近与员工的距离，走入员工的内心，让员工感受到关爱，明白管理者的良苦用心、理解管理者的管理意图以及管理决策的出发点。

三、韧度提升能力

何谓"韧度"？2005年，美国心理学会（APA）对其的定义为："个人在面对逆境、创伤、悲剧、威胁或其他重大压力的良好适应过程，也就是从逆境中复原并获得成长的能力，即困难经历的反弹能力。"生活总有起起落落，会有高光时刻，也会经历艰难挫折。决定一个人是否成功的最重要因素之一，是一个人是否具有坚韧不拔的能力。韧度是一种和逆境相伴的能力，有人说："衡量一个人是否成功的标志，不是看他登上的高度，而是看到他跌到低谷的反弹力。挫折也是转折，危机可以变成转机，没有人会一直待在谷底，除非你自己放弃。"

分支行行长作为分支行的主要负责人、单位的"一把手"，需要不断练就自己的韧度，面对困难绝不退缩，特别是在员工面前不能表现出畏难情绪，否则会影响员工的士气，反之要表现出必定能够战胜困难的决心、愈挫愈勇的斗志，才能有效提升自身的能力。目前随着同业业务竞争愈演愈烈以及国有大行业务下沉，农商银行原有的市场份额被逐步蚕食，分支行存量业务维护压力、新增业务市场拓展压力越来越大。面对环境改变以及业务拓展的压力，部分分支行行长显得一筹莫展，尤似丈二的和尚摸不着头脑，找不到业务拓展的方向，甚至出现"躺平"的现象。因此，分支行行长需要有韧性，在困难面前做到不气馁，敢于啃硬骨头，勇于开拓思路，寻找新的方法和出路。要做到以下两点：一是要做好接受困难挑战的心理准备。行长是一个岗位职务，更是一份责任，在享受行长职务带来的待遇和荣誉的同时，也必须接受更大的责任，接受困难的挑战，带领全行员工突破困境、冲出重围，奔赴更大的胜利。二是要提升战胜困难的能力。困难总会存在，找到战胜困难的办法，是分支行行长必须具备的能力。否则，遇到困难就害怕、退缩、束手无策，长此以往会降低员工的信任和辜负领导的期望。

四、温度增添魅力

《孟子》曰："爱人者，人恒爱之；敬人者，人恒敬之。"说到底人与人之间的关系主要靠感情去维护。当你处于困境时，身边人给你一个关爱的眼神，你便对生活重新燃起了希望、重拾了信心。心中有温度的人，活得敞亮；做人有温度，会让人感到温暖，不但让别人感到愉悦快乐，同时也给自己带来快乐。

分支行行长作为分支行的主要负责人、单位的"一把手"，需要不断提升自己的温度，团结一切可以团结的力量，给员工创造良好的工作环境，让员工有安全感和期待。要做到以下几点：一是要善待身边的员工。在茫茫人海中成为同事、队友，从相识到在一起工作是一种缘分，善待身边的每个人，可以让事业走得更远，可以让生活过得更加滋润。二是要团结身边的人。没有完美的人，每个人身上都有或多或少的缺点，但是要学会欣赏他人、尊重他人、团结他人，与他人建立良好的关系，有助于我们更好地实现人生的目标和价值。三是要培养身边的人。我们的成长也是别人培养起来的，我们也有义务去培养他人，传承互帮互助的精神，让团队更加和谐、更有力量。

分支行行长应具备的工作能力

俗话说："先做人后做事。"优秀的品格是做好分支行行长的前提条件，而能力是做好分支行行长的重要途径。有能力，没有品格，事业前途不会长远；有品格，没有能力，事业前途不可持续。分支行行长是单位的主要负责人、是单位的"一把手"，处于承上启下的重要位置，既是总行战略部署的执行者，也是分支行目标实现的管理者。特殊的身份地位决定着分支行行长必然承担着多种角色，对外需要与客户打交道，承担着服务员、合作者等角色；对上需要完成上级行的任务指标，承担着总行目标执行者、上传下达的联络员等角色；对下需要培养管理和监督员工，扮演着团队建设教练员、内部关系调解员、员工行为监督员等角色。多种角色的存在决定着分支行行长需要具备多种工作能力。在众多工作能力中，结合分支行行长扮演的角色，本书认为分支行行长必须具备五种工作能力，分别为政治执行能力、统筹规划能力、组织协调能力、业务拓展能力和风险控制能力。其中，政治执行能力是首要能力，统筹规划能力和组织协调能力是核心能力，业务拓展能力和风险控制能力是基本能力。

一、政治执行能力

习近平总书记指出："各级领导干部特别是高级干部必须立足中华民族伟大复兴战略全局和世界百年未有之大变局，心怀'国之大者'，不断提高政治判断力、政治领悟力、政治执行力。"分支行行长作为单位的主要负责人，更是其所在党组织的主要负责人，双重身份决定其必须具备政治执行能力。政治执行能力位于其他工作能力之首。政治执行能力，要求分支行行长必须对党忠诚，在政治方向、政治立场上必须同党中央保持高度一致。一是提高政治站位。切实做到党中央提倡的坚决响应，党中央禁止的坚决不做，坚决维护党中央的权威和集中统一领导，牢固树立"四个意识"，坚定"四个自信"，做到"两个维护"，捍卫"两个确立"，始终自觉主动地贯彻落实党的经济金融方针政策和中央金融工作会议精神。二是发挥堡垒作用。基层党组织是党联系基层人民群众最前沿的阵地、最重要的纽带，是党的方针政策执行者，承担着组织发动、推进落实、促进发展等重要作用。分支行行长作为基层党组织的主要负责人，身份和地位决定了必须要有政治执行力，带领基层干部员工增强政治意识，提高政治站位，充分发挥党员的先锋模范作用和基层党组织的战斗堡垒作用，有效促进分支行稳健可持续高质量发展，为经济发展、社会建设做出贡献。

二、统筹规划能力

统筹规划能力是指管理者对工作任务的整体分析，制订周密的工作计划，恰当合理地配置与整合资源，进而有效实现组织的发展目标的一种能力。统筹规划到位，可以起到事半功倍的效果，即花最少的钱办最多的事情。从分支行发展方面来说，经营发展是需要经过长期统筹规划，不断调整积累才能达到发展目标的，不是一朝一夕以及随心所欲就能够达到的。从分支行具体事务处理方面来说，面对基层纷繁复杂的事情以及沉重的业绩压力，要具备统筹规划能力，才能提高工作效率，实现工作目标。因此，分支行行长在经营管理过程中必须具备统筹规划能力，提前统筹谋划到位，工作开展才能够井然有序，从而有效促进分支行稳健可持续发展。要做到以下两点：一是形成统筹规划意识。统筹规划能力不是一蹴而就就能形成的，需要反复训练才能得到有效提升。平时就要不断提升统筹规划意识，大事小事都要想想如何统筹规划，达到提高工作效率及工作效果的目的，日积月累就能养成良好的统筹规划习惯。大到分支行经营发展，熟知优势劣势以及下一步要采取的正确措施等，小到每场会议召开，如何提高会议效果等都需要统筹规划。二是掌握统筹规划技巧。分支行行长在经营管理过程中要不断认真学习，反复锻炼，这样才能掌握统筹规划的技巧。开展一项具体工作或筹备一场大型活动前，必须清楚具体任务，做到时间节点心里有数，责任分工明确，工作措施恰当，并预测可能出现的问题、突发事件以及可采取的应对措施等。这样不但能够提高工作效率，而且能够取得较好的工作成效，做起工作得心应手、有条不紊、游刃有余。比如说开展一项走访活动，为能有效达到走访效果，在走访开始前必须认真思考走访目标、走访时间、走访方式、关键人物以及走访过程中可能出现的问题等。盲目走访不但浪费时间，没有效果，甚至会引起客户的反感。

三、组织协调能力

组织协调能力主要是指根据工作任务,对资源进行分配,同时控制、激励和协调群体活动过程,使之相互配合,从而实现组织目标的能力。核心在于消除内耗、化解矛盾,有效促进发展各方的力量汇聚成统一合力,实现共同目标。分支行行长的多种角色定位决定了其必须具备优秀的组织协调能力,只有具备这方面的能力,才能有效快速地处理对上对下对内对外的各种烦琐关系,保证分支行各项工作有条不紊地开展。否则,会影响员工工作效率和工作能力的提升,不利于分支行稳健可持续发展。要提高分支行行长的组织协调能力需要注意以下几点:一是出发点要正确。组织协调的主要内容是协商和斡旋各方面的矛盾和利益,找到平衡点,满足各方需求,达到最终目的。组织协调的动机、手段以及主要目的都要客观公正,对公有利,对大局有利,切不可一心为私,否则不仅达不到最终效果,还会适得其反,甚至引起别人的反感和猜疑。二是思路要清晰。"凡事预则立,不预则废。"组织协调也是一样,要想达到最终的目的和效果,必须事先做好充分准备,理顺自己的思路,"不打无准备之仗"。比如,授信审批议案时,基层人员实地调查认为风险可控,上级审查审批人员却认为就材料而言认为要审慎介入。如果要想议案顺利审批,必须在沟通协调前做好充分准备,搞清楚议案的来龙去脉、关键风险点以及风险防范措施等,做到对申报客户整体情况了然于心,否则说服审查人员予以审批通过的难度较大。再如,组织员工开展园区走访或者整村授信时,要想确保走访有效果,事前就要做好充分的准备工作,否则就只能是白忙一趟。三是方法要灵活。分支行行长遇到的问题比较烦琐,类型极多,有些也很棘手。但处理问题没有万能的钥匙,只能是一把钥匙开一把锁。不同的问题要有不同的处理办法和处理方式,不能用一套公式结构处理各种各样的事情,否则处理结果可想而知。比如,分支行行长面对年轻员工和年纪较大的员工时,采取的管理方法就不能相同,要结合他们各自的行为习惯、年龄特点等予以施策。

四、业务拓展能力

业务拓展能力是分支行行长要具备的最基本的能力，也是完成经营考核任务目标的必备能力。本书前言中阐述了分支行目前的获客模式已发生实质性的变化，由过去等客送上门的获客模式变为依靠分支行行长外拓营销的获客模式。因此，分支行行长必须具备业务拓展的能力，特别是在目前同业竞争日趋激烈以及国有大行业务下沉趋势明显的情况下，对其业务拓展能力提出了更高的要求，否则难以胜任现有岗位，可能会面临调整岗位或淘汰的风险。那么分支行行长如何提升自身的业务能力，做好拓展客户的工作呢？一是增强拓展意识。首先，分支行行长要充分认清自身的岗位职责定位，本职的核心工作就是业务拓展客户，完成全行的经营目标考核任务。分支行行长要不断增强自身营销意识，切实有效地提升自身业务拓展能力。二是理顺营销思路。业务拓展工作并不是盲目外出拓展客户，要确保业务拓展效果，首要在于理顺自身的营销思路。清晰的业务拓展思路有助于业务拓展能力的提升，确保业务拓展效果的实现。盲目的业务拓展不但达不到预期的营销效果，还会打击营销的信心。比如，在业务拓展前，要做到非常熟悉自身银行优势，了解满足客户需求的产品价格等。提高研判市场的综合能力和水平，深入研究竞争对手的市场份额、业务增长情况、业务拓展方式以及客户的金融服务需求等因素，这样才能在激烈的竞争环境下有效赢得客户、占领市场。三是强化管理能力。分支行行长是业务拓展工作的领头人，但业务拓展工作不是其一个人的工作，需要全员参与、全员发力、全员贡献。强化营销管理能力，培养出更多的"战斗员"，更能有效提升全行的业务拓展能力。

五、风险控制能力

分支行是业务经营的"一线"，也是风险管理的"前线"。在业务经营管理过程中会遇到各种各样的风险，如信用风险、操作风险、声誉风险、法律风险、道德风险等。风险无法回避，但可以做到有效防范。必须正确面对风险，采取措施有效防范风险，确保不发生不必要的风险、重大风险乃至案件风险。经营管理到位，业绩排名靠前，是解决分支行"活下去"的生存问题；风险管理到位，确保不发生风险，是解决"活得好"的发展问题。分支行行长必须具备风险控制能力，才能确保分支行稳健可持续发展。要做到以下几点：一是提高风险管理意识。分支行行长必须提高自身的风险管理意识，切记不可因贪一时业绩而违规操作，或者麻痹大意忽视风险防范，否则后患无穷，无论对单位还是对自己的发展都会留下隐患，甚至产生致命性影响。因此，要增强自身的风险管理意识，高度重视风险管理工作，提高风险管理水平。二是提高风险识别能力。有效识别风险是防范风险的关键环节。分支行行长在经营管理过程中，必须深刻地系统性地思考风险防范工作，理顺重点环节、重点领域的关键性风险点，提高自身的风险识别能力，为有效防范风险奠定重要基础。三是关注重点领域和重点环节风险。重点领域和重点环节的风险发生会对分支行经营管理产生重大的影响，甚至出现毁灭性打击。所以，分支行行长必须关注重点领域、重点环节的风险，在有效识别风险的基础上，及时有效采取措施，有效防范风险。例如，通过与员工开展谈心谈话，掌握员工的思想动态，关注员工行为变化，防范员工的道德风险；做好贷前调查和贷后管理，强化风险管理培训，有效控制信用风险；加大"三道防线"的检查力度和培训深度，督促员工严格按照规章制度要求开展每项业务，重在预防，力在治本；对安全保卫工作要常抓不懈，大会小会反复强调，不可有一时放松，加大检查和处罚力度，让员工养成良好的安全习惯。

第二章

分支行主要经营管理思路

作为一名优秀的分支行行长,不但要具备良好的品格和出色的工作能力,还要具备清晰的工作思路。清晰的工作思路可以让工作开展起来如鱼得水;反之,往往会造成工作质量不高、效果不好,缺乏有效的竞争力。思路决定出路,清晰的工作思路可以有效提升对经营方向的判断能力,可以提前识别困难并寻求克服困难的资源,从而有效提升整体的工作质量。分支行行长主要负责基层的经营管理工作,经营的主要对象是客户,管理的主要对象是员工。经营发展需要依赖客户,也需要依靠员工。分支行行长只有坚持"以客户为中心"和"以奋斗者为本"的理念,围绕"客户"和"员工"两大对象,认真谋划工作思路,才能提高工作质量,顺利推进工作目标的达成。

第一节 主要经营管理思路框架

分支行行长的岗位职责和使命任务主要是:在总行党委的正确领导下,解决好分支行的经营和管理问题,完成上级行下达的各项任务指标,实现分支行的稳健可持续发展。分支行经营的主要对象是客户,这是赢得发展的根基;管理的主要对象是员工,这是推动发展的主角。如何采取策略和措施做好根基经营和主角管理工作,如何更大限度地发挥主角的主观能动性以更好地服务根基,是分支行在经营管理工作中不得不认真思考且必须解决的问题。本书认为分支行经营管理思路主要在于充分发挥党建引领作用，重点要围绕经营客户和管理员工两大方面开展深入研究，积极贯彻落实"以客户为中心"和"以奋斗者为本"的理念，制定有效的营销策略和管理制度，确保客户经营服务到位，员工管理到位，从而实现分支行经营发展的目标。其中，针对客户经营方面的问题，重点要研究如何有效落实拓展客户、服务客户、控制风险、提升收益等经营措施；针对员工管理方面的问题，重点要研究如何有效建立员工激励机制、开展企业文化建设，充分调动员工的能动性和积极性。两者是有机统一、相互促进的，解决客户问题可以有效提升员工收益，实现员工价值；解决员工问题，可以提高员工的主动性和积极性，提升服务客户的能力，从而更好地满足客户需求。

一是重点研究如何做实客户经营。 分支行经营的主要对象是客户，客户是分支行经营发展的根基，没有客户的分支行不能可持续发展。因此，分支行经营管理必须优先围绕客户来展开，核心内容是研究客户从哪里来、客户来了如何服务、客户风险如何防控以及客户收益如何提升等问题。客户从哪里来主要研究获客渠道建设问题，客户来了如何服务主要研究提升客户服务质效问题，客户风险防控主要研究客户信用风险以及其他风险控制问题，客户收益如何提升主要研究如何增加客户的贡献度问题。

二是重点研究如何开展员工管理。 分支行管理的主要对象是员工，员工是分支行经营发展的主角，没有员工参与经营的分支行也将不可持续发展。分支行经营管理的重点任务是围绕员工管理展开的，核心内容是研究员工激励机制如何建立、企业文化如何建立等。研究员工激励机制的建立主要在于如何激发员工激情，提升内心动力，提高员工主动性和积极性，为分支行创造更多价值；研究企业文化的建立主要在于如何提升员工的归属感和幸福感，并吸引更多人才。

第二节

主要经营管理思路要点

分支行经营的对象是客户,管理的对象是员工,客户是分支行经营管理的根基,员工是分支行经营管理的主角,两者共同作用维系着分支行的经营发展。上文阐述了经营客户和管理员工两方面为经营管理思路的主要研究内容,为确保围绕两大对象制定的政策和采取的措施有效落地,必须深入贯彻落实"以客户为中心"和"以奋斗者为本"的理念,一切从客户和员工出发,只有这样才能促进分支行稳健可持续发展;否则经营情况将达不到理想效果,甚至出现失效的状态。因此,在研究分支行主要经营管理思路时,必须坚持"以客户为中心"和"以奋斗者为本"的理念,这是分支行经营管理思路的要点。

一、坚持"以客户为中心"的理念

坚持"以客户为中心"的理念是分支行开展经营工作的主要出发点。坚持"以客户为中心"的理念,就要坚持客户至上,把客户当作太阳,永远围绕客户转。正如《华为公司的核心价值观》(2007年修改版)提出的:"从企业活下去的根本来看,企业要有利润,但是利润只能从客户那里来。华为的生存本身是靠满足客户需求,提供客户所需的产品和服务并获取合理的回报来支撑;员工是要给工资的,股东是要给回报的,天底下唯一给华为钱的,只有客户。我们不为客户服务,还能为谁服务?客户是我们生存的唯一理由。"事实证明,华为的"以客户为中心"的理念和实际做法非常正确和到位。同样的,随着同业竞争愈演愈烈,农商银行不断尝试改变服务客户的理念,由"经营产品"向"经营客户"转变,并提出一切工作要"以客户为中心"。但现实情况不容乐观,口号喊得很响,落地效果欠佳,很多产品制度以及系统支撑等方面反映出并没有真正做到"以客户为中心"。

1. 坚持"以客户为中心"理念的现状

农商银行提出一切工作要围绕"以客户为中心"的理念展开。但目前从产品制度设计、授信审查审批到总行中后台部门与前台部门、总行与基层有效联动以及科技系统支撑等方面，并没有真正做到"以客户为中心"。一是产品制度设计"以自我为中心"，没有真正做到"以客户为中心"，产品制度中条条框框很多，对客户的准入门槛限制较多，并没有通盘考虑客户的需求，"一刀切"现象比较严重。比如，通过关键人介入某贸易批发行业，拟给行业内相关企业授予授信额度，但是总行授信政策硬性规定，该行业的授信额度（拟授信额度与他行已授信额度之和）不得超过近三年平均销售额的30%。该政策来源于总行对该行业研究所得的结论，可能是行业平均标准，但小微企业情况千差万别，同一行业不同企业标准也不一样，"一刀切"政策必然会导致部分企业被授信准入标准卡住。二是授信审查审批以"自我为中心"，没有真正做到"以客户为中心"。目前审贷基本分离，营销人员负责现场调查，撰写调查报告上报至审查审批部门；审查审批部门只负责形式审查审批，就材料看材料，重点审查材料的合规性及材料之间的逻辑性，很少深入现场调查分析，得出的最终审批结果有时难以满足客户真实的需求。三是总行中后台以"自我为中心"，没有真正做到"以客户为中心"。中后台与前台之间缺乏有效联动，中后台因没有营销压力，更多强调风险管理，做不做业务无所谓，只要不出风险即可，"一刀切"的管理方式更有利于自身工作开展，对前台所反映的客户个性化需求难以满足。四是科技系统"以自我为中心"，没有真正做到"以客户为中心"。为满足客户需求，提高市场竞争力，农商银行会模仿其他银行开发很多科技系统支撑前台业务营销，但很多系统功能不完善甚至缺乏有用的系统，难以满足客户多样化的需求。五是从客户对银行之间的比较及评价来看，农商银行也没有真正做到"以客户为中心"。前台在营销过程中经常会听到客户比较一些银行产品的优劣势、审查审批速度快与慢以及系统使用的方便与不方便等,这些真实反映出银行是否做到了"以客户为中心"。

2. 坚持"以客户为中心"理念的意义

客户是分支行经营发展的根基、赖以生存的衣食父母。没有客户也就没有分支行存在的必要性。正如华为公司在《公司的发展重心要放在满足客户当前的需求上》(2002年)里说:"全世界只有客户对我们最好,他们给我们钱,为什么我们不对给我们钱的人好一点呢?为客户服务是华为存在的唯一理由,也是生存下去的唯一基础。"由此可见,坚持"以客户为中心"的理念对于分支行生存发展的意义。一是坚持"以客户为中心"是分支行"活下去"的前提。随着经济日益复杂多变、同业竞争持续加剧,分支行之前独特的垄断地位及以经营产品为中心的经营模式已经不复存在,加上同业产品同质化程度越来越高,客户选择余地更大、范围更广,只有能满足客户需求或产品价格有优势的银行才会受到客户的青睐。因此,坚持"以客户为中心"的经营模式才能满足客户需求。就像客户去菜市场买菜一样,菜市场商贩很少时,即使商贩提供的菜品单一,由于客户别无选择,只能选择采购;相反,随着菜市场商贩越来越多,所提供的菜的品种越来越多时,客户的选择空间越来越大,原有商贩所卖的菜在品种、价格或服务态度上与其他商贩存在落差时,客户会重新选择,原有商贩的生意可能会受到很大影响,如果不及时调整菜的品种、价格或服务态度,长此以往,原有商贩就会难以生存。二是坚持"以客户为中心"是分支行"活得好"的理由。随着同业竞争愈演愈烈,存贷款价格战打得越来越火,存贷利差空间越来越小,分支行只有坚持"以客户为中心"的经营模式,才能够赢得客户而"活得好"。结合客户实际需求,给不同客户定制不同的产品,才不会受制于同业之间的价格战,才可以保持住应有的收益,而不会不得以以降低产品价格来留住客户。比如,可根据不同客户需求,在风险可控的情况下,结合客户的实际情况,为客户量身定做不同的产品,更方便客户解决实际需求,从而增加与客户谈判的筹码,增加实际收益。

3. 坚持"以客户为中心"理念的要点

分支行在经营管理过程中一以贯之坚持"以客户为中心"的理念说起来非常容易，基本道理也特别容易理解，但是有效落地并确保效果却非常艰难。在经营管理过程中坚持"以客户为中心"理念是一个复杂的系统工程，并非一朝一夕能够实现，也并非采取一招一式就能够完成的。它需要更多系统性的思考和安排，从源头设计上嵌入理念，多措并举才能有效实现目标。本书因篇幅有限，不再详细论述坚持"以客户为中心"理念的具体做法。同时，很多做法涉及总行的战略部署及组织架构调整等内容，分支行虽可以结合基层的实际情况提出自己的意见和建议，但是仍难以确保调整到位。本书主要是结合分支行实际情况，阐述分支行在经营管理过程中，做到坚持"以客户为中心"理念的主要要点，目的在于为后续阐述分支行制定具体的经营管理策略以及采取的措施奠定基础。

一是厘清服务职责。 分支行就像一个团队，全员目标应是一致的，只是每个员工分工不一样。分工是否清晰决定着服务的态度和质量。如何让分工明晰，避免出现推诿、扯皮以及办事拖延等问题，就必须要厘清服务职责，划清职责边界，实施"首问负责制"，并建立争议处理机制，让服务职责非常清晰，服务责任非常明确。同时，在厘清服务职责基础上，要明确服务内容和标准，让服务人员知晓自己应该做什么，应该做到什么样的程度，不做以及做不好有什么后果、需要承担什么样的责任。

二是树立服务理念。 分支行树立正确的服务理念对有效贯彻落实"以客户为中心"的理念起到至关重要的作用，正确的服务理念会提高服务质量，提升服务能力，增强服务效果等。针对分支行前中后台岗位、机关与基层、办事员与柜员、客户经理等岗位，需要树立机关为基层服务理念、柜面为客户经理以及客户服务理念、上下有效联动理念等。通过正确的服务理念将各岗位人员服务意识有效连接和整合，切实提高服务质效。

三是提升服务能力。 提升全员的服务能力是分支行贯彻落实"以客户为中心"理念的重要行动之一。分支行改变不了总行或上级行的产品制度、审查审批政策以及科技系统功能等,但可以提升自身的服务质量。面对同质化的产品和服务,提升服务水平可以有效增强客户体验感,提高客户的满意度。对此,一方面要加强专业知识培训,提升各岗位员工的专业知识、沟通协调能力以及解决问题的能力等,更好地提升服务能力;另一方面要强化服务质量评价,由客户及内部人员对服务人员的服务态度、服务质量等开展评价,有效促进服务人员不断提升自身工作能力。

二、坚持"以奋斗者为本"理念

分支行管理的对象是员工,而员工是分支行经营发展的主角,没有员工的奋斗努力,分支行就不可能发展。因此,分支行在经营发展过程中,除坚持"以客户为中心"的理念外,也不可忽视坚持"以奋斗者为本"的理念,只有践行尊重员工、关心员工、一切为了员工的做法,才能有效提高员工的主动性和积极性,提高员工的幸福感和归属感。正如任正非所言:"以客户为中心,以奋斗者为本,长期坚持艰苦奋斗是我们的胜利之本。"

1. 坚持"以奋斗者为本"理念的现状

分支行的经营发展需要奋斗者,奋斗者是分支行发展的人力源泉。分支行行长要充分认识到奋斗者及团队建设的重要性,在经营发展过程中也要懂得尊重员工、关心员工,努力为员工提升幸福感和归属感。从目前实际情况来看,有些员工会抱怨单位,甚至有些存在辞职的想法。深入分析发现,除员工自身原因之外,部分分支行行长在贯彻执行"以奋斗者为本"理念时也存在一些问题,如与员工沟通交流不充分、制度执行流于形式以及缺乏公开公正等。

一是沟通交流不充分。沟通交流是解决信息不对称问题以及有效消除误会的重要手段。分支行行长在管理员工的过程中必须要加强与员工的沟通交流,需要不定期了解员工的工作生活情况、个人想法以及对单位的建议和意见、存在的问题、解决措施等等,及时帮助员工答疑解惑。部分分支行行长在管理过程中,与员工之间沟通交流不充分,很少与员工开展谈心谈话，有时候还端着架子，导致员工不敢靠近，也不愿意与其交流。长此以往，员工心里存在的怨气无处释放，负能量越积越多，容易造成当面不敢说、背地里乱说的不良现象，破坏了单位的整体文化。

二是制度流于形式。 有些分支行在经营管理过程中，为了响应总行号召或者"一时热"制定了与员工相关的政策，比如员工培养计划。但政策制定后，分支行行长就可能不闻不问，导致很多政策停留在纸面上，并没有真正贯彻落实到位，长此以往会造成员工认为出台的政策都是形式，主要是为了做给总行看的或者是分支行行长给员工画的大饼。这些流于形式的动作会造成了员工对分支行行长管理失去信心，也使得分支行行长的管理动作失去威信。

三是缺乏公开公正。 部分分支行行长在管理过程中对于与员工相关的事情或管理动作缺乏公开公正，从而引起员工不解、误解甚至不满，长此以往，造成很多员工特别是有能力的员工不满情绪较高，工作氛围紧张和压抑，可能会造成人才流失。比如评先评优，评先评优的作用是鼓励先进、激励后进，但部分分支行行长在评先评优过程中，不按照标准筛选合适的人选，而是按照自己的喜好报送评比人员，导致符合条件的人员不满，认为被报送人员有背景或与分支行行长有关系，这样根本达不到评先评优的最终目的，反而还会造成人与人之间关系紧张以及企业文化的破坏。

2. 坚持"以奋斗者为本"理念的要点

分支行行长在经营管理过程中坚持"以奋斗者为本"的理念，主要要做到尊重人才、关爱人才、一切为了员工，从而有效提升员工的工作主动性和积极性，为单位创造更多的价值，实现单位健康可持续发展。做实"以奋斗者为本"的理念并非轻而易举之事，就像文化建设一样，是一个系统性工程，需要长久的积累过程。本书因篇幅有限，不再详细论述坚持"以奋斗者为本"理念的具体做法。结合上文提及的部分分支行行长在员工管理中存在的问题，本书在此仅阐述落实"以奋斗者为本"理念的主要要点，主要为后文阐述分支行制定员工管理策略及具体措施奠定基础。

一是坚持公平公正原则。 亚里士多德说，公正是一切德政的安身之所。任何人对团队最初、最基本的期待往往不是团队负责人的能力，而是团队负责人处事的态度，遇事时能否做到"一碗水"端平，切实有效做到公平公正。由此，分支行行长在贯彻"以奋斗者为本"理念时，要坚持公平公正的处事原则，确保做到凡事一视同仁，不搞差别化对待。否则，会造成员工的信任危机。对此，一方面做事的出发点要为公。分支行行长做出一项决定或计划时首先要确保出发点是为公，而不是为私。另一方面处事时需要公平对待。对于处理与员工利益相关的事务时，必须要按照事前制定的规章制度办事，做到公平公正，切记不可因为"打招呼"而差别化对待。

二是坚持换位思考原则。 分支行行长在贯彻"以奋斗者为本"理念时，要坚持换位思考原则，这样制定的政策以及采取的管理措施会更好地得到员工的拥护和执行。员工和管理者一样，都期望得到他人的尊重和关爱。坚持换位思考原则就是要求分支行行长在制定管理制度以及激励机制时能够真正设身处地地从员工角度去思考，假如所制定的管理制度和激励机制连管理者自己都觉得不太合适或者有失公平，那肯定存在问题，员工自然也不会满意。

三是坚持关心关爱原则。 分支行就像一个大家庭，分支行行长是大家庭的家长，而员工就是大家庭的成员。分支行行长对于家庭中的成员必须坚持关心关爱的原则，关心关爱员工成长成才是分支行行长义不容辞的义务和责任。对于能力强、贡献大的员工需要给予尊重和认可，鼓励他们充分发挥主观能动性；对于能力弱、暂时贡献小的员工要懂得关心和培养，不能主动放弃任何一个员工。同时，要对员工的生活和家庭充满关心和关爱，帮助他们消除后顾之忧，让他们快乐工作、幸福生活，从而能够更好更安心地为单位创造价值。

第三节

主要经营管理思路实践

上文已经阐述分支行经营管理思路的整体框架以及主要思路的要点，明确了分支行主要的经营思路。分支行行长必须在总行党委的领导下，坚持"以客户为中心"和"以奋斗者为本"的理念，围绕"客户"和"员工"两大方面开展深入研究，认真谋划工作思路，充分有效地实现工作目标。结合具体实践工作，围绕"客户"要认真深入思考以下几点：如何找准渠道扩规模，解决客户从哪里来的问题；如何形成合力提效能，解决客户如何服务问题；找准方法夯基础，解决风险如何防控问题；找准途径增效益，解决效益如何提升问题。围绕"员工"要认真深入思考激励机制如何优化，有效激发员工的内生动力；文化如何建设，找准方向凝聚员工合力。

一是围绕客户从哪里来，找准渠道扩规模。客户从哪里来这一问题实质上就是如何拓宽获客渠道的问题。一方面针对资产类客户，主要获客渠道在于找准关键人，加强与商会、协会合作；梳理企业名单，加强与产业园区合作；开展党建共建，加强与乡镇（街道）合作；梳理上下游，加强与存量客户合作；扎根网点本土，做实网格工作；加强陌生拜访，培养拓客能力。另一方面针对负债类客户，主要获客渠道在于充分运营产品，打通负债获客渠道；做实公私网格营销，助推客户倍增。同时，在服务支撑上，要强化人员组合培训，全面赋能渠道拓客；建立人员培养机制，提高人员营销能力；创新业务培训模式，扎实推进能力提升；明确规范走访要求，有效提升拓展能力；优化人员组合，充分发挥团队作用；开展积分制考核，实施评价退出机制。

二是围绕客户如何服务，形成合力提效能。要树立正确的服务理念，形成服务意识，主要包括机关服务基层的理念、柜面服务客户经理的理念、上下有效联动的理念。要强化岗位职责，优化服务配合，主要包括厘清部门职责，提升服务合力；明确办事员角色，提升服务质效；练就柜员本领，提升服务形象；强化条块联动，提升服务能力。要完善监督评价机制，确保服务质效，主要包括建立争议评议机制、晋级争位机制、民主测评机制、评价退出机制。

三是围绕风险如何防控，找准方法夯基础。 分支行所涉及的风险包括但不限于合规风险、信用风险、操作风险、舆情风险、安全风险、案件风险等，行长必须要有效识别分支行涉及的各类风险点，切实做实做深做透各类风险防控的规定动作，形成有效的风险防范氛围，确保稳健经营，可持续发展。

四是围绕效益如何提升，找准途径增效益。 分支行需要在资产端、负债端以及管理端采取有效措施，既要做到"开源"，也要做到"节流"，更要做到精细化管理。在资产端要做"加法"，在做大资产规模的同时，要提升收益，确保利息收入可持续增长；在负债端要做"减法"，推动负债结构有效调整，严控高成本存款规模，增加低成本存款占比，确保负债总成本下降；在管理端要挖"潜能"，实现精细化管理，节约各项成本及开支，达到降本增效的效果。

五是围绕机制如何优化，激发潜能生动力。 有些分支行建立了员工激励机制，但激励机制存在缺乏系统性、逻辑性、公平性和操作性等。要优化员工激励机制，真正形成"富养、严管、厚爱"的培养培训机制、"多劳多得、少劳少得、不劳不得"的绩效分配机制、"公平、公正、公开"的评先评优机制、"能者上、平者让、庸者下、劣者汰"的评价退出机制以及"人人皆人才，赛马不相马"的后备晋升机制，充分调动员工积极性，让员工从"人"变为"人才"，从"人才"变成"人财"。

六是围绕文化如何建设，找准方向聚合力。 建设优秀的企业文化具有重要意义，它有助于管理质量的提升、企业竞争力的提升、发展能力的提升、员工归属感的提升。分支行开展文化建设要掌握要点，如管理层必须做好表率作用、重视员工的合理化建议、提炼分支行特色文化理念，文化建设要软硬件建设相结合，要保持可持续性，确保文化建设的效果。同时，分支行在选择建设路径方面不可能做到面面俱到，只能选择适合自身、有利于自身发展的建设路径。

七是围绕党建如何引领，找准要点促发展。目前，银行基层党建工作开展得如火如荼，但仍存在党建工作主动意识薄弱、党建规定动作流于形式、党建工作体系不够完善以及党业融合程度不够显著等问题。分支行党组织要牢固树立"围绕经营抓党建、抓好党建促发展"的理念，把握分支行行长做好表率作用、制定完善的党建工作体系、党建和业务要紧密融合、发挥党员先锋模范作用等工作要点，围绕"如何将基层党组织变成党的领导的坚强战斗堡垒"这一目标，构建基层党建工作体系，多措并举推进党建工作和业务工作深度融合，充分发挥党员的先锋模范作用，真正实现分支行高质量发展。

第三章

围绕客户从哪里来，找准渠道扩规模

分支行经营的主要对象是客户，客户是分支行赖以生存的基础，也是分支行得以生存发展的主要源泉。有效获客是分支行经营发展的首要任务。如何做到有效获客，是分支行不得不面对和思考的现实问题。面对同业竞争愈演愈烈以及国有大行业务下沉越来越深的情形，部分分支行行长对现有的经营管理工作感到迷茫和惆怅，发现拓展客户的难度越来越大，完成经营目标考核任务的压力也越来越大。面对客户从哪里来，如何解决有效获客的问题，本书认为首先要深入思考并寻找到拓展客户的渠道，然后通过关键钥匙以及合适的方法和技巧去对接，以顺利打开拓展客户的渠道，建设渠道大概率会得到更多有效的客户。否则，就会像无头苍蝇一样，失去方向，出现主动送上门的客户不敢准入，却又找不到能准入的客户的局面。本书主要介绍分支行资产类客户和负债类客户的拓客渠道、建设拓客渠道的方法和技巧、培养营销人员拓客能力的措施，主要目的在于为分支行行长找到拓展客户的渠道提供些许经验，有效缓解为获客而承受的压力，促进分支行稳健可持续发展。

第一节

加强获客渠道建设，实现精准有效获客

资产类客户是分支行得以生存发展的重要根基。资产类客户主要是指与信贷业务相关的客户，主要包括但不限于贷款客户、各类保函客户、商业承兑汇票客户等。面对同业竞争日趋激烈以及国有大行业务下沉程度越

来越深的局面，如何做到快速有效拓展客户，实现分支行稳健可持续发展，成为农商银行不得不直面和思考的现实问题。然而，在有效拓展客户前必须认真思考的问题是客户在哪里，只有解决了客户在哪里的问题，才有后续的有效获客。解决客户在哪里问题的核心在于打通获客渠道建设，找到了获客渠道就自然能找到客户。从目前实际情况来看，客户渠道主要集中在商会、协会、乡镇（街道）、开发区、产业（工业）园区、社区网格化、存量客户等。本书认为加强获客渠道建设，实现精准有效获客，主要方式有找准关键人，加强与商会协会合作；梳理企业名单，加强与开发区合作；开展党建共建，加强与乡镇（街道）合作；梳理上下游，加强与存量客户合作；扎根网点本土，做实网格工作；加强陌生拜访，培养拓客能力。

一、践行"行长＋会长"模式，打通商会协会合作渠道

商会、协会的会员单位基本上都是企业。应倡导并践行"行长＋会长"营销模式，加强与商会、协会的深度有效合作，助推分支行有效获客。商会是指商人依法组建的，以维护会员权益、促进工商业繁荣为宗旨的社会团体法人，具有互益性、民间性、自律性、法人性等特点。商会成立需要具备50个以上的团体会员单位，其中发起人不少于3个单位，且发起单位注册资本不低于1 000万元。经业务主管单位（工商联）审查同意，发起人可以向登记管理机关（民政部门）申请登记，领取社会团体法人登记证书，成立商会。商会一般有会长和秘书长各1名，其他为会员单位（会长单位、常务副会长、副会长、常务理事、理事、会员等），根据层级不同缴纳不同额的会费。其中，副会长及以上单位还需要报请主管单位审查审批同意。

一是摸清商会情况，获取关键信息。 从上述商会简介以及成立的程序来看，可以发现几个关键信息，为后续找准商会关键人，从而实现与商会对接乃至有效合作提供了便利条件。第一，商会成立需要主管部门审查同

意后，向登记部门领取营业执照，因此可以通过工商联及民政部门相关人员牵线搭桥予以对接。第二，商会成立时需要有不少于50人以上的团队会员，原则上不允许个人会员加入。会员按照缴纳会费多少及会员规模大小予以划分层级。因此，商会基本上是企业家们的集聚地。第三，商会有会长和秘书长各1名，其中具体事务基本上由秘书长负责，因此核心关键人是会长和秘书长。第四，商会一般是按照地域命名，如省级商会（江苏安徽商会）、地级市商会（南京安徽商会）、县市区商会（宝应安徽商会）、街道商会（邵伯镇商会）等。

二是找准引荐关键人，及时对接商会。找准商会对接关键人，对于后续有效对接商会，与商会开展业务合作起着至关重要作用。已知商会成立是需要主管部门审查审批通过后，才能向登记机构领取营业执照的。因此，可以通过以下几个方面找准商会对接的关键人。第一，与当地工商联或民政部门相关管理人员取得联系，请求管理人员推荐与商会的会长及秘书长对接。通常被主管部门或者登记部门推荐的，会长及秘书长都会热情接待，后续对接起来就会比较顺畅。第二，通过兄弟商会的会长及秘书长推荐对接。一般情况下，商会之间互动的比较频繁，会长及秘书长之间联系的比较紧密，关系总体比较不错。能得到其他兄弟商会推荐，会长或秘书长也会热情接待。第三，通过商会副会长以上单位对接。商会副会长以上单位的会员企业在商会中的地位比较高，说起话来比较有分量的，若得到他们的积极推荐，会长和秘书在一般情况下会有所考虑，大多也会接待的。

三是做好有效对接，建立信任关系。找到商会的关键人后，需要及时做好对接，进而与商会关键人建立信任关系，为后续合作奠定有效基础。第一，要及时联系拜访。得到关键人推荐或引荐后，要及时与商会关键人取得联系，约定拜访的时间。一般情况下，可以在一周内与会长或秘书长联系，约定见面时间，防止时间久了冲淡他们见面的欲望。见面时可以随身携带一个小礼品，提升见面诚意，给他们留下较好印象，从而有效增加对接效果。第二，要注意交谈方式。与商会会长或秘书长见面后，在交谈过程中，可以简要汇报自己以及单位的基本情况，主要是让他们对自己和单位有所了解，增加信任的基础。同时，在交谈时不能直接挑明自己就是想通过商会对接客户的，可以循序渐进谈谈合作想法以及对商会有利的合作意图。避免让他们产生误解，怀疑自己的动机，从而留下不好的印象，导致后续难以对接和合作。拜访结束后，可以非常客气且真诚地邀请会长或者秘书长前往自己单位指导工作。两三个星期后，可以找合适的理由再次拜访会长或秘书长，或者主动邀请他们聚一聚。通过上述方式可以慢慢增加与商会关键人的熟悉程度，并与其逐步成为朋友，从而建立起信任关系，为后续工作奠定基础。

四是开展各类活动，密切联系会员。 通过与商会开展党建共建等各类活动，可以有效与商会建立合作关系，为后续对接更多商会会员单位奠定基础。在成功对接会长或秘书长，并与他们建立信任关系后，可以向他们提出开展党建共建或者签订战略合作协议等活动的想法，并择机开展相关活动，从而有效对接其他会员单位，以便后续实现获客。与商会开展活动的方式主要有以下几种：第一，与商会开展交流会或座谈会，邀请会长或秘书长等商会重要人员前往自己单位参观交流座谈，充分了解分支行相关情况，并在座谈会过程中与商会签订党建协议或者战略合作协议，目的在于通过走访交流座谈等活动的开展以及协议的签订，建立有效的联系并让商会所有会员知情，为后续走访会员单位奠定基础。第二，积极参加商会日常活动，如商会举办的节日主题活动等，通过小型活动与不同会员充分有效接触，增强彼此之间熟悉程度，便于后续走访以及业务对接。第三，积极参加商会大型活动，商会每年都会召开一次年会或者会员大会，参加会员人数较多，可以积极参加商会年会或者会员大会，通过赞助礼品或其他方面，提升宣传效果，让更多的会员单位了解自己的银行。第四，邀请秘书长或者会长小范围交流。一般情况下，这种活动，会长或秘书长必定会邀请一些关系不错或者层级较高的会员单位参加，从而增加彼此之间的感情交流，可以更加有效地实现后续对接及业务开展。

五是认真梳理名单，逐户开展走访。随着前期各种活动的开展，银行与会长或者秘书长之间的友谊也越来越深厚，逐步由之前的陌生人关系变成良好的朋友关系，彼此之间的信任程度也逐步加深。可找合适的时机与秘书长沟通交流，争取拿到商会所有会员的名单以及各会员单位的相关信息。拿到商会会员企业名单后，不要急于开展会员企业走访工作，而要先通过外部信息查询网站查看企业的基本情况，看看是否有负面信息，并排除不符合自己行准入条件的会员企业名单，比如说会员企业有重大涉诉信息以及高管被纳失信限高等负面信息等。主要原因在于：一方面要提高走访效果，优先走访能够开展合作的企业，提高工作效率，防止"眉毛胡子一把抓"影响走访合作效果；另一方面要防止会员单位对本行服务产生负面印象。通过初步信息筛查后，确定走访企业的名单，提高了走访成功率，可通过已合作的会员企业案例在商会内部开展宣传工作，提升更多其他会员企业的合作意愿。如果走访合作初期出现多户会员企业暂时无法合作的情况，可能会降低其他会员企业与本行的合作意愿以及对本行的授信审批政策、服务能力产生怀疑，从而对后期客户走访以及业务合作产生负面影响。

六是分析会员特点，定制特色化产品。为提高服务质量，扩大自身影响力，提升自身的竞争优势，应结合商会会员企业的特点及行业类型，定制符合商会企业特点的产品，以更好地满足会员企业的需求，从而增加对接合作的效果。比如说针对安徽商会设计特定的"徽商贷"产品，可大大提升会员企业的合作意愿，同时可以起到排他作用。一方面定制化产品可以提升商会的合作意愿。为商会定制特定产品，商会会认为银行对此次合作充满诚意，并会积极主动在商会内部帮助银行向会员企业推荐产品，从而降低合作的难度。另一方面定制化产品可以给会员企业带来实惠。定制化产品必然是结合会员企业的情况设计的产品，可有效解决会员企业的相关问题，同时还能给会员企业带来更多的优惠，从而从根本上吸引会员企业。

七是服务及时周到,增添信任依赖。与商会会员企业开展初次合作时,要注意自身的服务态度和服务质量,服务必须及时周到,尽可能给被服务的会员企业留下深刻的印象。反之,恶劣的服务态度和糟糕的服务质量必然会对银行自身形象产生影响,也会影响后续其他会员企业的走访和对接的效果。会员企业与银行的合作意图非常明确,他们需要的是结果和效果。初次合作服务周到及时可以增添对银行的良好形象,为后续其他会员企业的合作奠定良好的基础。反之,如果初次合作给会员企业留下不好的印象,可能会有损自身银行的形象,不利于后续与其他会员企业合作,同时还会引起商会的质疑。由于在初次合作之前,活动现场必然会宣传银行的产品优势和服务质量,而初次合作有效将佐证当初的承诺,因此必须重视初次合作。

八是合作达到规模,效果逐步显现。开展商协渠道建设,不是一朝一夕的事情,而是一个长期积累的过程。如果初次合作效果欠佳甚至不佳,可能会出现半途而废的情况。第一年刚刚与商会开展合作,一般情况下,效果不会非常明显,可能只有少量的会员企业有业务合作,随着对接逐步深入,第二年以及后续每一年都会拓展出更多的会员企业,随着会员企业合作规模显现,经办银行在商会的影响力会越来越大,合作的效果会逐步显现。因此,建设商会渠道是一个长期过程,必然也会带来长期的效果。

对接商会渠道并不是新鲜的事情,很多年前就有银行开启银商渠道合作模式,现在同业单位也在开展类似的工作,但总体来看对接效果欠佳,本书认为主要原因有以下几个方面:一是比较急躁,让人误解。很多人刚对接上商会就立即表明自己的合作意图,主要是拓展业务,导致会长或秘书长怀疑合作动机和诚意,影响后续的业务对接和合作。二是急功近利,失去信心。很多人对接商会时急功近利,想在短时间内就把所有的会员企业变成自己的客户,实际上有可能连会长和秘书长都没有搞定,走访效果非常不理想,甚至有些会员出现抵触情绪,业务难以落地,造成相关人员失去信心,进而放弃后续对接工作。其实,对接商会是一个慢工活,需要长时间积累，才能实现从量变到质变的转变，不是立即就能产生效果，甚至会出现付出不一定得到回报的情况。三是不愿付出，只想索取。很多人在对接商会的过程中不愿意建立感情，立即要求出效果，不愿付出自己的努力就想得到期望的效果。这种想法不但获取不到客户，反而会产生不好印象。银行需要积极参加商会的活动，并根据自身的财力状况适当投入，才可能会带来更好的效果。

商会对接步骤如此，协会对接步骤也是如此，只不过协会会员类型与商会不一样，商会主要是地域相同的聚集各类业态的企业，协会会员企业基本是相同行业企业或者该行业相关的上下游、产业链企业等。

下面介绍一个商会渠道对接的真实案例，仅供参考。因工作需要本人对接了一个商会，该商会成立时间较长，会员企业数量超过300多家。目前与本人所在行企业的合作数量有20多家，贷款金额超过5 000万，随着合作程度越来越深，有更多的会员企业将与本行合作。我们主要就是按照上述步骤开展对接的：请主管部门工商联的负责人与商会秘书长沟通，随后与秘书长取得联系，上门拜访交谈后一个月内没有效果，随后再次与秘书长取得联系，邀请秘书长前往网点指导，随后秘书长安排会长等主要会员单位前往银行开展银商座谈会，并签订了党建共建和战略合作协议。随着商会会员单位对银行企业文化、服务政策等的了解，彼此的合作意愿也越来越强。商会秘书处把商会会员名单及基本信息全部提供给银行，有时还助力银行营销人员走访会员企业，并时常推荐自己的会员企业到银行办理业务。

二、践行"行长+园长"模式，打通园区合作渠道

按照《中国开发区审核公告目录（2018年版）》（2018年第4号）规定，我国开发区工分成两类：一类是国家级开发区，主要是由国务院批准设立的；一类是省级开发区，是由省级人民政府批准设立的。国家级开发区主要包括国家级经济技术开发区、高新技术产业开发区、海关特殊监管

区域等；省级开发区包括省级经济开发区、工业园区和高新技术产业园区。目前全国总共有 2 543 家开发区，国家级开发区 552 家，省级开发区 1 991 家。其中，东部地区有 964 家开发区，中部地区有 625 家开发区，西部地区有 714 家开发区，东北地区有 240 家开发区。例如扬州市共有 11 家开发区，其中 3 家开发区是经过国务院批准设立的，分别为扬州经济技术开发区、扬州高新技术产业开发区、扬州综合保税区；8 家开发区为省人民政府批准设立的，分别是江苏省杭集高新技术产业开发区、江苏扬州广陵经济开发区、江苏扬州维扬经济开发区、江苏江都经济开发区、江苏宝应经济开发区、江苏扬州化学工业园区、江苏仪征经济开发区、江苏高邮经济开发区。每个园区利用各种优惠政策，经过多年的招商引资，规模以上的企业基本上均超过百家。如扬州高新技术产业园区入驻企业达 4 000 多家（数据统计至 2023 年末），其中规模以上企业 400 余家，国家高新技术企业 322 家，形成了以智能装备、生物健康、半导体新材料为主导，以现代服务业为支撑的产业发展格局。因此，分支行可以践行"行长 + 园长"的营销模式，打通园区合作渠道，获取园区企业名单，认真梳理企业类型，锁定目标客户，多措并举推动有效对接，从而精准高效地触达客户。

一是找准关键部门，获取企业名单。 为做好后期的走访对接工作，分支行需要提前找准关键部门及关键人，获取园区入驻企业名单。目前各类开发区所在地基本成立了开发区管委会，管委会下设多个部门，主要负责开发区的运营管理工作，其中与开发区内入驻企业联系密切的两个部门分别为招商局和经济发展局。招商局主要是负责对外开展招商引资工作，而经济发展局主要承担入园企业的项目审查、报批及跟踪协调工作，编制招商引资计划以及负责投资咨询、项目洽谈签约等相关工作。因此，分支行可以与上述两个部门保持密切沟通交流，找准合适的时机，有效获取企业名单。但有时候两个部门的相关人员不敢担责，认为涉及企业信息保密要求，不敢也不愿意提供企业名单，这时可以寻找合适的理由与上述部门的主要领导或分管领导沟通交流，通过自上而下的方式获取企业名单。与招商部门保持有效沟通联系，可以获取刚入驻企业的名单；与经济发展局保持有效沟通联系，可以获取已入驻企业的名单及相关信息。

二是梳理企业信息，锁定目标客户。为有效提高园区企业的对接成功率，分支行在获取园区企业名单后，需要提前安排人员认真摸排名单上企业的类型、规模情况以及是否有负面信息等等，并根据目前行内产品情况及授信政策筛选出要走访对接的目标企业名单，为精准有效走访奠定基础。在筛选走访目标企业时，要注意以下几点：对于农商银行来说，受制于投放贷款的单户金额较小以及价格成本高等因素，一般不主张优先走访园区内的头部企业。头部企业一般规模大、质态好，对授信金额和利率定价要求比较高，话语权较高，谈判空间较小，与农商银行合作意愿较弱。即使请园区负责人沟通达成初步合作意向，但若初期授信金额或贷款定价未达到头部企业要求，会对后期企业走访产生不良影响。结合农商银行服务中小微企业的定位，一般应优先选择规模中等的企业走访对接，这样合作成功概率较高，也会对后期其他企业的走访产生积极推动作用。同时，优先选择行内信贷政策优先支持或者有行内特定产品支撑的企业走访，这样可以有效增加走访对接合作的成功率。比如说行内信贷政策优先支持高新技术企业或者有针对专新特精企业的产品，则优先选择高新技术企业或者专新特精企业走访，因为这种企业授信审批难度较低，走访成功概率较大。

三是丰富活动形式，推动有效对接。分支行可以根据走访目标企业规模情况，开展多种形式的对接活动，提升与被走访企业对接合作的效果。针对大型企业和中小微企业，可采取不同的对接活动。大型企业在园区的地位较高，备受园区领导以及相关部门关注，比较看重自己的身份地位，需要得到尊重的欲望比较强，自身的融资能力较强，对银行的产品和服务要求较高。为能与其开展有效深入合作，减少合作难度，可以在与园区开展党建共建活动或者签订战略合作协议、举办大型活动时，与园区协商邀请该类型企业一并出席参加活动，提升其身份地位。相较于大型企业来说，中小企业融资难度相对较高，在意的是银行的产品和服务，可以请托园区管理方召开银企座谈会，重点宣传银行的产品和服务优势。此外，还可以邀请园区管理方陪同走访企业，或者请求园区管理方与被走访企业沟通后，营销人员再主动登门拜访，成功率也会提高。

四是建立走访档案，留下对接痕迹。一般情况下，园区除新增企业以及个别企业退出外，短时间内，企业数量和类型相对比较固定，不会瞬间发生重大变化。为了提升后续企业走访的效率和精准度，在园区企业走访对接过程中，分支行营销人员必须对园区企业建立走访档案，载明走访企业的基本情况，包括主要负责人以及财务负责人、经营情况、走访时间、企业需求情况、生产周期等，便于后续营销人员能够根据走访档案准确判断企业情况，从而做到精准对接，提高对接效率和效果。比如说走访过程中发现有些企业暂时没有资金需求，现金流比较充裕，后续可以营销存款类产品；有些企业经营年限较短，暂时不符合本行授信审批政策，可以记录满足条件的预计时间，等企业符合条件后再去对接合作。营销人员再去园区走访企业时，可以翻阅之前建立的走访档案，根据前次走访记录的企业情况，有针对性地走访。同时，每次走访结束后，可以根据走访情况，召集营销人员召开走访总结会议，全方位分析和研判园区企业情况，为下一步走访和合作奠定基础。如此，经过多次走访以及建立的走访档案，营销人员会对园区的企业逐步掌握。

在对接园区或走访园区时需要注意的是：一是园区级别相对比较高，分支行在初期对接时，一般需要充分利用总行或上级行的资源优势，必要时可请主要领导出面拜访园区领导，从上向下对接可以有效降低对接的难度，增加合作的成功率。同时，选择合适时机与园区签订战略合作协议或者党建共建协议，固化合作模式，寻找后续对接和支持的理由。这样与园区开展对接合作工作可能比较容易，否则会出现难以对接的局面，即使对接上，后续的走访也会存在较大的难度，若园区相关人员配合程度不高，将直接影响客户走访合作的效果。二是园区管理一般比较规范，引入的企业规模和质量均比较高，其初期合作比较警惕。在初期走访园区客户时，可以与园区管理方友好协商，为银行营销人员办理金融服务证件，为走访人员的信用背书，可以有效减少走访困难，提升走访的成功率。

三、践行"行长＋镇长"模式，打通乡镇合作渠道

农商银行的主要服务宗旨是"服务'三农'、服务中小、服务城乡"，其网点遍布各乡镇，与乡镇关系非常密切。多年来，农商银行对地方经济发展支持力度大、服务能力强、税收贡献大、支农支小作用显著。同时，与其他下沉的国有银行相比，农商银行具有层级少、下沉深、人脉广、地缘宽、决策短、机制活等优势。而乡镇处于连接城乡、承上启下的枢纽位置，是推进城乡产业融合发展、城乡基础设施建设共建共享的关键节点，是承接社会治理力量下沉、公共服务资源下移的重要平台。镇域经济是国民经济中最基本的单元，是县域经济的基础和重要组成部分，在优化经济结构、推进城镇化等方面发挥着重大作用。发展壮大镇域经济是乡村振兴的客观需要。农商银行服务乡村振兴既是国家政策的要求，也是大势所趋，更蕴含着重大机遇。因此，分支行要践行"行长＋镇长"营销模式，通过党建共建、人员挂职、公益活动、整村授信等方式，打通乡镇合作渠道，从而实现有效获客。

一是签订党建共建协议，推进"党建＋金融"模式建设。 开展党建共建工作，可以通过有效搭建分支行与乡镇政府部门的工作平台，增加工作融合度，助力具体事务的统筹协调处理。可一方面与乡政府签订党建共建协议，深入推进乡镇层面的"党建＋金融"模式，便于后期与乡镇各部门有效对接；另一方面与下辖社区、村签订党建共建协议，深入推进社区、村层面的"党建＋金融"模式建设，便于后续有效开展整村授信以及网格化工作。

二是安排营销人员挂职，便于对接工作推进。 分支行可利用党建工作

的契机,推进"行长+镇长"模式,与乡镇组织人事部门协商,安排分支行营销人员前往乡镇相关部门、村(社区)开展挂职工作,以便及时了解政府的工作动态,掌握营销信息线索,为后续工作的开展积累重要的人脉资源。

三是努力成为"两会"代表,扩大自身影响力。分支行行长可以利用分支行在当地的影响力,与乡镇人大及政协部门沟通,努力争取成为乡镇层级人大代表或者政协委员,从而扩大自身影响力,以便后续与当地居民、企业有效接触,从而推动工作有效开展。

四是开展公益活动,提高品牌影响力。在乡镇,分支行可以改变宣传模式,由宣传产品模式变为开展公益活动模式,以有效提升分支行的品牌影响力,增强与乡镇其他金融机构的竞争力。随着网络越来越发达,老百姓身边并不缺少金融产品,宣传金融产品的广告比比皆是,缺乏的是值得信任的金融机构。很多金融机构频繁进村、进社区开展金融产品宣传活动,搞得老百姓非常厌烦,自然宣传效果非常一般。针对这种现状,其实可以换一种思路开展宣传工作,由之前的直接宣传产品,改为开展公益活动,拉近与老百姓之间的距离,可能效果完全不一样。比如说长期在社区、村里开展免费理发、磨剪刀、贴手机膜等公益活动,让老百姓从活动中感受到银行值得信赖,进而对其提供的产品产生信任。

五是加入乡镇商协会,有效融入乡镇企业。目前乡镇也有不少的企业,乡镇企业之间抱团取暖,也会成立商会、协会。分支行作为企业的分支机构,可以选择加入乡镇的商会组织,并争取作出贡献成为副会长以上的单位。利用商会、协会成员的优势,有效与当地企业开展对接合作工作,全面了解乡镇企业,并充分有效地融入乡镇企业,提高合作的程度。

四、挖掘存量客户资源,打通上下游合作渠道

存量客户是分支行生存和发展的基础和源泉,也是分支行后续拓展客户的重要源泉之一。一个存量客户可以带来很多的资源。存量客户资源具

有裂变效应，其身边的客户资源可以为分支行充分使用，从而能够触达更多的客户。存量客户可以推介与自己企业相关的上下游客户资源，也可以推介与自己企业有关的同行客户资源，还可以介绍自己的亲戚朋友资源等等。因此，在坚持"以客户为中心"的理念前提下，优先服务好存量客户，取得客户认可和信任，充分挖掘存量客户资源，打通存量客户上下游的合作渠道，可为分支行增加更多的客户。

一是优先服务好存量客户，取得客户认可信任。 俗话说，"金杯、银杯不如老百姓的口碑，金奖、银奖不如老百姓的夸奖。"银行的客户也是如此，得到客户认可和夸奖，是服务的终极目标。挖掘存量客户资源的前提是优先维护、服务好存量客户，得到存量客户的认可和信任。否则，不但难以挖掘存量客户资源，反而还会造成存量客户的流失，影响分支行的品牌和形象。因此，要坚持"以客户为中心"理念，与客户开展业务合作时，必须提升营销和服务人员的服务能力，不管客户大与小，都必须要热情接待和服务，满足客户的有理需求，让客户留下深刻美好的印象，从而主动帮忙宣传并介绍身边的亲戚朋友前往办理业务。

二是梳理存量客户资源，转介新增客户资源。 存量客户的资源需要营销人员充分挖掘，寻找资源线索，后续通过存量客户介绍，实现有效拓展新增客户。可以通过存量客户的企业账务流水、交易对手、新增订单等方面，认真分析存量客户合作的上下游企业情况，锁定合作目标企业后，通过存量客户推介认识后与其合作。还可利用存量客户自身的资源，特别是企业法定代表人个人的人脉资源，让其介绍同行企业、其他熟悉的相关企业以及自身亲戚朋友的企业。

三是强化资源整合互用，实现相互引流客户。 结合银行实际情况，充分了解存量客户的需求以及现有的资源，选择恰当的时机，加以资源整合，开展异业联盟合作，使客户充分利用彼此资源，相互促进发展。一方面利用银行现有的客户平台嫁接客户的资源需求，为存量客户实现有效的资源引流。比如，充分利用银行的网上商城、积分商城等平台嫁接存量客户的销售渠道和产品,帮助存量客户有效实现引流,同时满足银行的客户需求,从而实现互惠互利;另一方面银行可以充分利用存量客户的资源平台嫁接自身的产品,为银行实现有效的资源引流。同时,可以分析整合现有存量客户的资源,满足其他存量客户的需求或者吸引其他客户,如与餐饮企业合作,获得餐饮企业特定的优惠券;与体检中心合作,获得特定的体检优惠券等等,并将这些优惠券资源转化成银行自身资源,为现有其他存量客户发放这些优惠券,达到维护存量客户的需要;同时通过专属优惠券吸引新增客户,达到引流新客户的目的。

五、培养陌拜能力技巧,强化拓客能力建设

陌生拜访是指不经过预约直接对陌生人进行登门拜访,是银行营销人员常用的拓展客户的方式,也称为"扫街"或者"扫楼",是银行营销人员必须具备的工作能力之一。农商银行营销模式已经由"坐商"变成"行商",对营销人员的外出拓客能力提出了更高要求。外出拓展客户成为营销客户的常态之一。因此,需要培养营销人员的陌生拜访能力技巧,提升营销人员的获客能力,拓宽获客渠道。

一是调整拜访心态,做足准备工作。一方面要调整拜访心态。"万事开头难",许多营销人员,特别是刚转岗的营销人员想到陌拜时需要和素不相识的人说话,特别是推销自己的信贷产品,就会觉得特别紧张。主要原因在于害怕客户拒绝,让自己非常没有面子。因此,在陌拜前,要调整自己的拜访心态,努力克服自己的恐惧心理,让自己有勇气、有信心进入陌生环境,同时要降低自己的期望值:不是第一次就能成功的,给自己勇气,认识到陌拜只是一次挑战任务,成功了更好,没有成功就当成是给自己一次锻炼的机会。要做足准备工作,"知己知彼,百战不殆"。做足准备工作,才能降低自身的紧张程度,也才能增加陌拜的成功率。陌生拜访前必须提前做好的准备工作包括:通过企查查提前了解客户信息(企业规模、法定代表人、企业股东以及企业经营范围等)、银行产品的介绍手册(与企业规模或经营范围相合适的产品）、组织阐述自己产品优势的语句、企业征信查询授权书等，这样可以在短时间里给客户留下好的印象，以足够的专业性有效增加客户信任，从而提高陌拜的成功率。

二是规范拜访流程，增加陌拜成功率。事前准备充分，能够增加陌拜的信心。规范陌拜流程，则能增加陌拜的成功率。第一步是要顺利进入客户大门，这是很重要的一步。如果连门都进不去，何谈拜访呢？公司前台或者厂区保安一般都会核实身份及所要拜访的人员。对此，要非常铿锵有力、吐字清楚、语音适中地回答："我是××银行的营销人员（可以顺手把证件或胸牌递给他看），是负责该区域的，我要找你们老板×总……"千万不能支支吾吾的，否则会引起前台人员质疑或猜测，不利于后续交谈。有的前台或者保安会电话与老板报告来访人员情况，这时候可反复和前台或保安强调身份和来意，目的是见到老板。第二步进门后要注意礼仪。这会影响到老板对你的第一印象。印象好后续可能成为朋友，印象不好可能后续很短的时间就被打发离开。一般应根据会客室的具体布置选择合适的位子坐下来，在老板坐下来之前尽量不要先坐下来，坐下来之前可以客气地说："×总，不好意思，耽误您时间了。"让对方感觉到自己谦卑和礼貌。然后递上自己名片，同时简单介绍自己及随行人员，表达自己来意。如果对方给你递名片，应尽快起身或欠身，面带微笑，用双手的拇指和食指接住名片的下方两角，同时尽量当场和客户提出互加微信的诉求。第三步寒暄破冰。破冰的最好方式是第一时间赞美客户，赞美之后根据客户的应答谈正事，有的客户可以开门见山，有的客户可以先讲案例引发客户兴趣，再根据与客户沟通的情况，适时介绍银行产品，选择重点介绍，让客户对产品有个初步了解。第四步结束拜访。第一次拜访时间不宜太长，但也不宜太短，太长会引起客户反感，太短达不到拜访效果。离开时可以约定下次拜访的时间等。

三是及时总结经验，完善拜访环节。陌拜有成功的，也有失败的；有开花结果的，也有束之楼阁的。但每一次陌拜行动结束后，营销人员必须及时总结经验，找出不足之处，并认真思考需改进的地方，为下次陌拜行动提高能力和水平奠定重要基础。比如说陌拜行动失败了，主要原因有哪些，自己哪些动作没有到位、有哪些主观原因和客观原因；哪些客户陌拜成功率高，哪些客户陌拜成功率低；客户需要资金的周期是怎样的等。

总之，陌生拜访是银行营销人员必备的生存技能，掌握陌拜技巧，提高陌拜的成功率，不仅能够提升个人的业绩，同时也体现了银行服务的专业水平。做好陌生拜访，除上文阐述的几个关键要点外，还要需要注意以下几点：一是保持形象与自信。银行营销人员给人的第一印象对陌拜的成功起到至关重要作用。这不仅体现在外表的整洁和专业，更重要的是展现出内在的自信和专业性。每次接触客户前，要提醒自己："我是银行专业业务员，能为客户提供他们所需的贷款服务。"这种自信是打开沟通大门的钥匙。二是精准选择时机。在实施陌拜时，精心选择拜访的时机非常重要，避免在客户忙碌时打扰他们，同时避免在遭遇拒绝后立即转向相邻的客户。通常选择客流量较低的时段进行拜访，并在拜访前做好充分的准备。三是关注客户需求。了解和满足客户需求是陌拜成功的关键。努力从客户的角度出发，寻找他们的痛点和需求，然后提供相应的解决方案，这不仅有助于建立信任，也能确保沟通更加高效。四是选好对象果断出击。在进行陌拜之前，要事先了解目标客户的基本信息，如他们的业务类型和可能的贷款需求。充分的准备会使营销人员在与客户交流时更加自信和得心应手。五是坚持不懈，持续追踪。陌拜是一项需要持之以恒的工作。应为自己设定每日目标，确保每天都有所收获。对表现出贷款意向的客户，要做好记录，并进行持续的跟进和维护。六是做好记录，分析总结。对每次陌拜的经历进行记录和分析，这有助于不断优化拜访策略，提高成功率。记录中应包括客户的基本信息、需求点、反馈以及跟进的结果。七是提供定制化的服务方案。对客户需求深刻理解，并提供定制化的服务方案，能够极大地提高客户的满意度和忠诚度。八是维护银行形象，建立长期信任。作为银行的代表，营销人员的行为和服务直接影响客户对银行的看法。在陌拜中要保持专业、诚信和友好的态度，这有助于建立长期的信任关系。九是利用转介绍拓宽客户来源。在陌拜过程中，要时常询问客户是否知道其他可能需要贷款的人，这种转介绍方式常常带来意想不到的收获。十是加强团队合作，共同提升效果。通过互相学习和经验分享，能够更有效地开展工作，并激发更多的创新思维。

第二节

充分运用信贷产品，打通存款获客渠道

银行负债是指债权人对一个企业资产要求（或索偿）的权利，或者说是企业所承担的能以货币计量，需以资产或劳务偿还的债务。负债主要包括各类存款，向中央银行的借款、同业存放款项、联行存放款项、同业拆入和应交、应付款项等。负债业务是银行最基本、最重要业务，是银行开办资产业务和其他业务的基础和前提条件之一，负债的规模对资产的规模有着重要的影响。存款规模在分支行经营目标考核中分值的占比与贷款规模的分值占比基本一致，其重要性不言而喻。因此，应正确认识存款营销工作，梳理有效的存款路径，科学选择存款路径，充分运用信贷产品，打通存款获客渠道。

一、正确理解存款营销

"得存款者立天下"，存款乃立行之本，是信贷资金活水的主要源头。面对上级行下达的存款考核目标任务，分支行有时会觉得有些迷茫，不知从何处找到存款营销渠道。那么，分支行的存款到底从哪里来，如何有效营销存款呢？有人认为完成存款任务必须要靠关系和资源，有了关系和资源必然会带来存款；有人认为存款营销也是需要运气的，运气好碰到存款大户，立马就可以完成存款任务。上述观点均有道理，但是仅靠资源和运

气可能会解决一时的存款任务问题，但受制于资源的有限性以及运气的不确定性，不可能解决多年的存款任务问题，存款营销工作不可持续。因此，做好存款营销工作之前，必须正确看待存款营销工作，这样才能有效解决存款营销问题。

一是存款营销方向必须正确。小额存款营销可以靠资源，以满足营销人员部分考核需要，但是资源不可以作为依赖手段，因为这种关系比较复杂且缺乏稳定性，随着人员变动或调整，这样的营销资源就会枯竭。中等规模的存款营销要依靠银行信贷产品，银行信贷产品就是营销存款的工具，可以通过工具为客户创造价值进而去挖掘有效的存款资源。大额的存款营销需要依靠强大的服务能力支撑，寻找到一个资源丰富的行业或者找到一个现金流量极大的客户，只要能够争取到客户的核心业务和经营性现金流，存款营销自然就不成问题。

二是存款营销方法必须得当。银行大额存款主要是靠产品和服务获得的，分支行需要在银行产品和服务上下功夫，不断改进银行产品和服务，从根本上满足客户的合理需求。在成本有限可控的情况下，通过设计信贷产品，可以让客户获得更多的利益，从而创造更大的价值，也能够让分支行沉淀更多的存款。比如说分支行给一些规模较大的制造型企业敞口银行承兑汇票授信额度，使用时要求要配备一定比例的保证金存款，企业使用银行承兑汇票结算可以有效降低资金成本，而随着敞口授信的使用额度增加，存在银行的保证金存款也在逐步增加。不同行业、不同企业的现金流不同，比如，超市类客户具有存款流动性大、流动速度快等特点，要尽量多提供结算类的产品来吸收存款；而针对垫资较大、前期投资较多等特点的建筑类企业，分支行可以提供部分敞口保函、信用证、银行承兑汇票等产品，帮助企业节约成本，自己也得以吸收更多的存款。

三是存款营销奖励必须到位。银行存款营销并不是分支行行长一个人的事，而是整个分支行所有员工的事，正所谓"千斤重担人人挑，人人头上有指标"，每位员工都应该有营销存款的任务，只是存款任务的大小不一样。为了调动员工营销存款的主动性和积极性,分支行要建立有效的存款营销奖励机制,且存款营销的奖励要及时兑现到位,这样可以有效调动每位员工的主动性和积极性,积极寻找存款资源,充分利用信贷产品挖掘存款资源。

二、存款营销路径分析

存款按照维度的不同可以分成多个种类,按照是否能随时支取分为定期存款和活期存款;按照存款期限长短可以分为三个月、六个月、一年期、两年期和五年期等;按照存款的主体可以分为政府存款、事业单位及社会团体类存款、企业类存款和个人存款等。政府类存款包括财政部门间歇性财政资金招标、非税账户开立、社保基金招标和住建部门的维修基金招标等;事业单位类存款包括学校、医院及部分科研院所的存款;社会团体类存款包括商会、协会等存款。由此可见,银行存款的种类繁多,然而存款不是直接靠人脉关系拉来的,而是银行营销人员熟练掌握并使用银行授信产品组合设计出来的。企业和银行只有实现双赢才会持续合作。目前针对不同种类的存款,银行存款营销路径可谓多种多样,可以说至少有上百种。结合目前农商银行分支行业务特点及经营范围,本书列举并分析了部分常见的存款种类及来源路径,为分支行打开营销存款之门提供思路和方向。

一是政府招标类存款及营销路径分析。政府类存款主要包括但不限于政府的财政性资金,如学校、医院以及科研院所等事业单位相关的资金等等。政府类存款一般期限长、金额大、稳定性高,对分支行的存款贡献会起到非常大的作用,但营销难度比较大。因此,分支行需要认真分析和研究政府类存款的具体情况,并根据特点研究存款的开发路径。一是参与财政部门(财政局、街道财政所等)间歇性资金、社保资金、维修基金等的招标工作;参与学校、医院等事业单位以及高校、科研院所等资金招标工作。为了有效做好政府类存款的招标工作,要与上述单位的财务部门建立联系，及时沟通交流，了解发布的存款招标信息，向上级单位汇报后按照招标规定做好标书，按照投标要求开展投标工作。二是开发公共资源交易中心的存款。存款的目标对象是当地的公共资源交易中心。使用的产品包括投标保函、履约保函、保证金监管账户等。分支行为公共资源交易中心开设各类保证金存款账户，用于各类项目保证金的收取。同时，分支行可以为参与公共资源中心招标的投标企业开立投标保函、履约保函等，收取部分保证金。此类存款量大，而且比较稳定，但是参与银行太多，开发难度较大，需要总行高层领导参与维护。三是政府项目特定保证金专户存款。开发的对象主要为住建局或城投公司等，专户存款包括工程质量保证金、农民工工资保证金和安全生产保证金等，银行可以运用质量保函、开立农民工工资专户等开发工程企业存款。

二是法院专户类存款及营销路径分析。 与人民法院相关的存款主要包括法院诉讼费专户存款、司法拍卖保证金存款、诉讼保全保证金存款和破产重组监管账户存款等。这些账户资金沉淀金额较大，基本上为活期存款，资金付息成本低，但账户开立难度较大。具体包括：一是法院诉讼费专户存款。各法院在处理诉讼纠纷时，要求起诉人必须交存诉讼费用并进行专户管理。此类资金沉淀量大，对分支行的存款贡献较大，但是此类存款属于地方政府非税收收入一部分，开发难度系数比较大。二是司法拍卖保证金存款。司法保证金存款的目标对象为地方拍卖中心或人民法院，各地人民法院在处置抵质押物时，往往会指定拍卖中心开展集中拍卖。买受人在竞买时，需要缴纳一定比例的保证金。三是诉讼保全保证金存款。当事人申请财产保全时，需要提供一定的担保金或者支付一定的保证金，待案件结束后，再退回保证金或者解除担保。银行对法院收取的诉讼保全保证金进行监管。四是破产重组监管账户。此类账户一般由破产管理人选择银行开立，目前法院为了规范此类账户，一般会初期选择准入银行，后续在准入银行的名单内具体选择。由于涉及大型企业，破产账户中的资金量还是比较充裕的。

三是房地产监管类存款及营销路径分析。 与房地产相关的存款包括二手房交易资金监管存款、房地产开发商存款等。这类存款营销的难度较小，但必须先要有相关的业务合作，否则难以进入。具体包括：一是房地产开发商存款。主要对象是房地产开发商。可销售的产品包括房地产开发贷款、供应链融资、商品房预售监管账户、按揭贷款保证金等。按揭贷款保证金是指银行在办理按揭贷款过程中按照一定比例收取开发商一定保证金，用于承担阶段性担保责任。商品房预售监管主要是指房产部门同银行对开发商预售的资金实施第三方监管，房产商将预售资金存入银行专用账户，只能用于项目支出，不得挪用。供应链融资是银行对房产商授信后，银行对与房产商项目相关的上下游企业开展供应链融资，其占用房产商的授信额度。二是二手房交易资金监管存款。银行对二手房交易资金展开集中监管，银行提供资金保管、记账、划款等服务。

四是保证金类存款及营销路径分析。 保证金存款是银行为客户出具的具有结算功能的信用工具，或是提供资金融通后客户按约定将一定数量的资金存入特定账户所形成的存款类别。保证金类存款主要包括但不限于银行承兑汇票保证金、各类保函保证金、投标保证金等。一是银行承兑汇票保证金。是指银行在对外开具银行承兑汇票时，要求承兑企业存入相应的保证金。按照是否有敞口授信又分为全额保证金银行承兑汇票和部分保证金银行承兑汇票等等。企业在对外支付结算时为节约财务成本，可以选择开立银行承兑汇票方式予以支付结算。在实际操作过程中，分支行可以给企业存入的保证金存款利率予以一定上浮，从而增加企业选择采用银行承兑汇票结算的动力。二是保函保证金。分为投标保函、履约保函、预付款保函等。企业在工程投标、合同履约等过程中，按照发包方的要求，需要提供一定的担保保证金或者出具银行保函，确保企业能够履约。企业为了减少资金占用成本，会在银行存入部分或全部保证金，并要求银行出具保函。

五是企业结算类存款及营销路径分析。 企业结算存款是指企业结算回笼资金沉淀而形成的活期存款，主要包括信贷客户的结算资金和非信贷客户的结算资金。信贷客户结算资金的营销难度比较低，可以通过贷款审批附加条件等方式实现存款营销。非信贷客户结算资金的营销难度相对较高，但可以通过开户手续费减免以及优质的服务等方式实现存款营销。具体包括：一是可以通过开户优惠等政策吸引新注册企业开立基本账户或者吸引企业将日常结算账户从他行转移开立至自己行。随着企业结算回笼资金不断入账，部分资金有效沉淀，可以增加银行的活期存款。二是提高贷款户的销售归行率。在给予信贷客户授信审批时，可以提出对企业结算资金回笼的条件，要求企业在贷款投放后必须将部分或者全部的结算流水回笼至本行账户，提高贷款户的销售归行率，从而获取更多的活期存款。三是落实利率优惠的弥补措施。对于要求降低贷款利率的企业，优惠部分出现的收益损失，可以要求企业用结算回笼资金流水沉淀形成的活期存款予以弥补。

综上所述，分支行的存款种类非常丰富，除上述外，还可以营销上市公司开立募集账户、大型企业开立结算账户等，这些账户均可以为分支行带来一定量的存款。因此，分支行要仔细研究各类存款的具体情况，认真探索存款的营销路径。同时，分支行还可以根据客户的实际需求，本着合作共赢的态度，不断创新各类产品，充分运用信贷产品工具，从而有效拓宽存款营销的获客渠道。

三、存款营销思路要点

面对存款任务的指标压力，分支行做实做好存款营销工作，具有非常重要的意义。探索分支行存款营销的思路既是分支行完成上级行存款目标任务的工作需要，也是分支行稳健可持续发展的重要保障。要正确看待存款营销工作，摸清理顺存款类型，积极分析研究各类存款的营销路径，制定科学的存款营销策略，形成有效的营销思路，从而促进分支行存款有效稳定的增长。

一是提高思想认识，实现多方联动。存款营销不是分支行行长个人的事情，而是分支行全员的事情，要提高全员思想认识，形成存款共抓的工作机制，实现多方联动、全员齐抓发力。一方面要提升营销意识，明确目标任务，强化责任考核，真正实现由"要我抓"到"我要抓"的营销意识转变；另一方面要实现营销思路的转变，从根本上实现由"抓存款就是要抓客户，有客户就是有存款""抓资金就是要抓账户，有账户会带来存款"的"抓存款"向"抓客户""抓资金""抓账户"的转变。要结合客户自身情况及实际需求，制定差异化的存款营销方案，在合作共赢的目标基础上，争取营销更多的存款。同时要建立有效联动机制，实现多方有效联动。前中后台必须实现有效的联动，前台业务部门负责营销制定存款营销方案，中后台要负责全力支撑存款方案的有效落地。公私之间必须实现有效联动，公司业务要带动零售存款的增长。比如说公司业务落地后，个人工资代发要及时跟进配套，否则会造成资源的浪费，达不到利益最大化的效果。资产负债必须要有效联动，充分发挥资产业务对负债业务的有效支撑作用，通过信贷产品投放为分支行带来更多的存款沉淀。

二是跟踪资金来源，创新营销产品。通过梳理存款营销路径，跟踪资金来源，创新产品工具，提升服务质量，实现存款的有效增长。一方面要理顺存款营销路径，积极跟踪资金来源。对照上文阐述的各类存款营销路径，积极有效对接关键人，提前了解存款信息，制定存款营销方案，跟踪存款资金落地。比如说跟踪财政间隙资金的招标工作，要提前介入，提前准备。营销政府机关、事业单位、财政类客户的基本账户、零余额账户、专用账户、财政专户和非税账户等，需要一个过程，不是一蹴而就就能够达到目的的。跟踪政府招商部门招商企业的情况，提前介入招商项目的开户工作。重点营销大集团、大项目客户的基本账户和一般结算账户，要提前制定营销方案。另一方面要创新存款营销的产品工具，满足客户需求，从而维护好客户关系。比如说客户有短暂性的闲置资金，同时对提高闲置资金收益有要求，那么针对客户提高闲置资金收益且不影响流动性的需求,可以为客户定制随时赎回的相对高收益的理财或存款产品,达到满足客户需求实现存款营款的目标。

三是资产拉动负债,提高综合收益。以资产业务为切入口,深化与信贷客户的合作,把结算资金回笼作为贷款审批条件,提高销售归行率,从而有效增加活期存款,提高综合收益。一方面在给予客户授信审批额度时,要将有效资金回笼作为放贷、贷后以及后续转贷的附件条件,要求客户放款后必须将结算资金回笼至贷款行,且回笼资金必须与贷款资金相符,从而提升客户的销售归行率。同时在贷款价格审批时,要将结算资金有效回笼为贷款利率定价优惠的审批条件,优惠失去的收益必须通过企业结算资金回笼沉淀的活期资金产生的收益予以弥补。另一方面根据客户的实际需求,可以要求信贷客户配比其他产品,以达到增加存款的目的。例如部分制造型企业对于银行承兑汇票的需求量较高,在贷款审批投放前,可以与客户谈判,要求后期结算需要的银行承兑汇票应在自己行开立,从而增加保证金存款。

四是建立考核机制,营造营销氛围。一方面要建立并完善存款的考核机制,增加指标考核权重,倒逼全员提升存款营销意识,营造你追我赶的营销氛围,同时明确存款营销的计价奖励,按照奖励标准及时兑现到位,多劳多得,少劳少得,提升员工营销的主动性和积极性;另一方面要组织开展各类存款营销活动,依托公益活动载体,强化舆论宣传,提高品牌知名度。比如说在社区免费公益活动,吸引老百姓参加,提高老百姓的关注度。

做实网格公私联盟,全面夯实客户基础

客户是分支行生存和发展的根基,也是分支行长期存在的重要理由。厚实的客户基础是分支行实现业务规模有效增长的前提条件,薄弱的客户

基础会严重制约分支行的稳健可持续发展。加强拓客渠道建设，实现客户数的有效增长，是分支行夯实客户基础的主要措施之一。除此之外，做实分支行网点周边社区的网格化、公私联动、异业联盟以及财富管理提升等，是分支行全面夯实客户基础的重要措施。因此，分支行要结合自身网点实际情况，做实网格、公私、联盟，有效拓宽获客渠道，全面夯实客户基础。

一、做实做深社区网格，拓宽厅堂引流渠道

网点厅堂有客户就有流量，有流量就有交易的可能性。分支行网点周边大都有很多居民，这些居民均是网点的潜在客户。如何拓宽厅堂引流渠道，将居民变为网点的客户资源，是分支行要认真统筹思考的问题，也是分支行可持续发展的重要保障。因此，分支行必须要做实做深社区网格工作，拓宽厅堂引流渠道，围绕网点周边开展社区网格化营销，将网点的金融服务与社区居民的心理需求、日常生活紧密地联系起来，从而快速获得社区居民信任，实现厅堂客户引流。

一是做好网格摸排工作。 为了提高后续网格化活动的效果，在开展社区网格化工作前必须要做好网点周边社区整体情况的摸排工作。摸排工作主要包括但不限于网点附近的社区数量、社区书记或主任等工作人员情况、社区网格员情况、社区辖内小区数量等；具体小区的居民数量、业委会以及楼栋长情况、物业管理公司情况、住户类型；社区全年公益活动的安排情况等。通过摸排工作，可以充分了解社区居民的真实需求，以便于后续有针对性地开展公益活动。

二是找准关键组织或人。 目前很多小区物业管理较为严格，非小区居民一般难以进入小区，在小区开展活动的难度较大。因此，在开展社区网格活动时，要找准关键人或关键组织，否则难以对接，活动也难以开展。主要关键人是社区书记或主任，他们长期从事社区辖内小区的治理工作，有着丰富的经验。同时，他们对小区的物业管理有着充分的话语权，通过

他们可以顺利进入小区。分支行可以从党政建设、公益服务等方面入手，取得社区核心关键人的信任，与社区开展共建工作，开展便民服务、资源共享等公益活动，从而建立良好的合作关系。

三是梳理居民生活需求。 在开展社区网格化活动之前，需要充分调研了解网点周边居民的实际需求，确保活动的有效开展以及开展后有效果。越贴近居民生活的活动，越能吸引居民，越能激发居民参加活动的热情。可以从居民日常生活入手，如磨刀、修鞋、电器修理等。同时，可以关注居民、社区在金融、生活帮助等方面的需求，找准痛点，提供针对性服务。

四是开展贴近生活活动。 分支行传统的宣传活动的方式是直接前往居民区开展产品宣传活动，很多居民根本就不感兴趣，甚至还引起反感，宣传效果欠佳。所以分支行要改变传统的宣传模式，以开展公益活动为切入点，顺带开展产品宣传，强化宣传效果。公益活动主要包括但不限于与志愿公益机构合作，共同走入社区，开展志愿公益活动，以金融志愿者的身份积极配合做好金融知识的普及和金融"防诈"宣传；开展公益慰问活动，以资助社区活动、走访困难户、孤寡老人等活动为切入点，践行社会责任，提升社会形象；开展社区趣味活动，通过各种丰富多彩的公益主题活动如趣味运动会等，拉近与居民的距离，让更多的居民对分支行网点从不知到知晓再到信任。在活动中只做金融知识的传播者，不做金融产品的推销者，只谈金融知识、防诈骗知识。通过公益活动拉近与居民之间距离，逐步取得居民信任。所以，社区宣传活动要想有效果，就必须要摒弃急功近利的想法和做法，从公益入手，从公益做起，长此以往自然会达到预想的效果。

五是固化网格活动模式。 进行社区网格化活动不能一蹴而就达到目的，要坚持不懈才能实现效果。分支行只有固化网格化活动模式，形成品牌效应，才能提升活动效果。一方面要制订网格化活动计划，确定活动项目、活动内容以及活动频次等，让网点附近居民有所期盼，而不是三天打鱼两天晒网，做一场活动刚刚产生一些效果，后续活动就断挡。针对每个小区的活动项目、开展频次等都要制订计划，确保在每个小区开展的活动具有连续性。另一方面要统一活动标识。分支行需要给参加社区活动的人员统一配备标识、折叠桌凳、桌布等，主要目的在于提高活动的品牌形象，给附近居民留下深刻印象，达到居民看到标识就知道是哪个银行的效果。

六是建立便民服务群。对公益活动或社区宣传活动中收集的居民信息，建立便民服务群，并通过日常群服务和各种优惠活动，增加居民黏度，从而有效留住居民，并将居民逐步转化为网点客户。一方面要明确入群标准。凡在网点季均、月均金融资产达一定额度以上的均可入群，入群居民按户统计，每户仅能有1人入群，并按小区分别设立。每月由网点理财经理负责统计更新。另一方面要做好服务群维护工作。便民服务群建立后必须要加以有效维护，这样才能达到将入群的网点周边居民变为网点客户资源的目的。否则，将会出现半途而废的情况。可以将网点周边的便民服务单位，如修锁、家政、修下水道等引入便民服务群，为入群居民提供比市场价优惠的便民服务。而且居民享受过便民服务后在群内发图好评，可以再享受网点一定额度的红包礼赠。通过便民服务群的维护逐步提高居民的依赖度，提高业务交易合作的成功率。

二、做实做精异业联盟，拓宽客户引流渠道

异业联盟主要是指各行业、各层次的商业主体之间为达到共同的利益目标，从而组成的一个可以实现资源相互利用、相互引流客户资源目的的商业联盟。随着银行同业之间竞争日趋激烈，同质化经营发展程度越来越高，银行自身原有的客户引流渠道会遇到瓶颈且优势并不明显。目前开展的各种场景化营销模式逐步显现出银行跨界实施异业联盟的趋势，这已经逐步成为银行打通跨界、有效拓客的一种营销模式。分支行也可以选择跨界交流合作，加强与界外商户的深度合作，利用界外商户的平台优势或资

源优势,将界外商户拥有的客户资源转化为自己的资源;或者利用界外商户的平台优势,维护现有客户或新增客户。与此同时,分支行也可以将自身的平台优势或资源优势提供给界外商户,帮助合作商户实现客户引流,从而实现两者之间的资源共享、合作共赢。分支行要统筹规划异业联盟合作思路,选择合适的合作模式,做实做深合作工作,有效实现与合作商户之间的资源整合与共享,充分利用合作商户的平台优势和客户资源,拓宽新客户引流渠道,有效满足现有客户的多元化需求,从而提升自身的竞争力与市场地位。

一是选择合适异业联盟的场景。为了提升跨界合作效果,真正实现客户的有效引流,分支行在开展异业联盟合作之前要认真思考、选择与网点相匹配的合作场景。合作场景选择是否正确可能会影响到后续异业联盟的效果。因此,分支行要结合网点周边的实际情况以及网点自身的特点,选择正确的异业联盟合作场景,制定异业联盟合作方案,理顺异业联盟合作思路,多措并举推动异业联盟开展,真正达到以联盟引流客户的目的。如分支行有些网点附近集聚多个餐饮企业,且部分餐门店还是知名餐饮企业连锁店,则网点在选择异业联盟合作场景时可以选择餐饮行业,通过使用银行产品可免单、享折扣等优惠活动,将餐饮门店的客户引流至网点。

二是做好联盟客户优选工作。分支行在确定异业联盟的合作场景后,要根据自身的产品优势和特点,选择符合自身需要的联盟商户。做好联盟商户的优选工作需要考虑以下两个方面:一是拟合作的联盟商户不宜距离网点太远,除非该品牌商户在当地的影响力特别大且具有垄断性,一般选择网点周边居民熟悉且在当地具有一定知名度的商户,距离网点近可方便引流商户客户后续前往网点办理业务,增加客户引流的成功率,否则会降低客户办理业务的意向。二是联盟合作商户的规模或知名度不能太小,否则达不到客户引流的效果。同时,应根据银行自身现有的产品筛选拟合作的联盟商户,这种情况下合作的成功概率比较高。结合上述分析,在选择拟定合作联盟商户后,要对重点的拟合作商户认真开展分析调研工作,调研内容包括但不限于营业时间、交易量、交易习惯、客户的流量、主要往来的银行等，主要目的在于优选出合适的联盟商户，便于加强合作，有效提高场景化营销的成功率。

三是做实异业联盟运营工作。选定拟合作联盟商户后，需要采取必要的营销措施，做实异业联盟的运营工作，以确保双方相互引流客户的效果。目前，异业联盟运营模式有线上和线下两种。线下模式是指联盟商户或银行将各自的产品介绍等放置在对方的营业场所中，便于宣传，让办理业务的客户知晓，通过产品自身的优势或部分优惠条件吸引一方的客户前往对方处办理业务，从而成为双方的客户。例如，分支行与某体检中心开展联盟合作，将自己的存贷款等产品宣传折页放置体检中心醒目位置，体检中心客户看到后可能会对银行产品或优惠条件感兴趣而前往银行办理业务，从而成为银行的客户。同时，体检中心也可以将自己的产品放置分支行的营业场所，分支行客户可能会对体检中心的产品感兴趣而前往体检中心体检，成为体检中心的客户。线上模式主要是指合作双方将自己产品的链接放至对方网站的醒目位置，吸引对方客户购买产品或服务。例如，合作商户可以入驻银行的积分商城平台，展示售卖自己的产品。做实异业联盟还要考虑成本的问题，有些跨界引流前期需要投入巨大的费用，如商户通过发放消费券、分支行通过信用卡刷卡减免等方式吸引客户，需要商户让利或银行补贴费用给客户。

三、做实做透公私联动，拓宽条线引流渠道

虽然分支行的公司业务和零售业务都有经营，但因条线分工管理以及条线考核等因素，公私经营管理会出现分离，导致在业务经营过程中出现各自为政的现象，造成资源的浪费，不能实现银行利益最大化。分支行要打破条线限制，构建公私联动团队，采取"以公带私，以私促公，公私联动"的措施，做实做透公私联动，拓客条线引流渠道，在深入挖掘企业资源的同时，利用企业资源的优势，深挖企业法定代表人、高级管理人以及

员工的金融需求，为企业提供一整套综合化的服务方案，有效提高营销质效。

一是构建公私联动机制。 分支行要实现有效的公私联动，要构建公私联动的机制。否则，公私联动只是喊喊口号而已，联动效果难以实现。分支行要结合自身的实际情况，构建公私联动机制，从根本上解决"联动仅有动作没有成效"的问题，真正实现资源利用的最大化。一方面要构建公私联动团队，即由公司业务营销人员与零售业务营销人员共同组建公私联动团队，由公司业务营销人员担任团队长，在组织架构方面保障公私联动的有效实现。公司业务营销人员营销公司业务时，可以安排零售业务营销人员对接公司业务衍生出的零售业务，从而实现团队利益最大化；零售业务营销人员帮助公司业务人员协助处理公司业务，维护公司业务客户。另一方面要强化公私联动考核。分支行必须要对公私联动团队开展综合性考核。在考核公司业务的同时，也要考核零售业务，考核结果与团队绩效挂钩，从而产生公私联动的效果。

二是明确公私联动标准。 分支行公私联动做得是否到位取决于公私联动的标准是否明确，公私联动标准为公私团队有效落实公私联动工作提供了方向。公私联动标准是指在开展公司业务营销时，需要配套开展的零售业务的营销。目前与公司业务联动配套的零售业务包括但不限于企业代发公司、消费贷款、信用卡、储蓄存款、个人理财、保险、信托、贵金属等，公私联动团队在营销公司业务时也需开展此类零售业务指标营销。

三是做实公私联动动作。 公私联动要想有效落地关键有赖于公私联动的规定动作是否有效执行到位。一方面要做实零售指标营销工作。针对国有平台企业，要以财务负责人为关键人，重点营销企业内部员工的消费贷款、电子银行、财富等指标，同时为企业高管、部门负责人等重点人员做好金融服务工作；针对民营企业，除为企业主做好个人贷款、财富管理等金融服务外，做好员工代发工资的营销，同时为员工配套消费贷、电子银行等业务和财富管理等服务。另一方面要做实客户回访服务工作。营销人员要定期加强客户回访，认真与客户面对面沟通交流。每季度安排一场企业行活动，以活动为契机，向企业员工宣传银行政策、介绍银行产品，并为员工赠送福利等，主要在于加深企业员工对银行的印象，提升银行在企业员工中的影响力，为持续开展营销业务奠定基础。

四是做好公私联动返检。为确保公私联动工作的有效开展，实现公私联动的效果，分支行需要及时对公私联动团队的公私联动业务开展返检，总结经验、查找不足。根据工作开展的实际情况及返检发现的问题，及时对公私联动团队的公私联动工作提出管理要求或者提供更多的政策支撑。同时，可以将返检过程中发现的经验做法以及典型案例在全行予以推广，并不断总结完善，从而形成公私联动工作的有效经验做法。

第四节

强化人员培训组合，有效赋能拓客建设

营销人员是分支行拓展客户的主力军，同时也是服务客户的核心力量。能否实现拓客渠道的畅通，有效拓展广大客户，取决于分支行营销人员的能力。因此，要加强营销人员培训，强化人员组合，全面提升营销的技巧和能力，这对于打通拓客渠道建设，确保渠道建设成效，起到至关重要的作用。

一、建立人员培养机制，有效培养营销人才

随着同业竞争愈趋激烈、业务压力越来越大，加之有经验的营销人员选择跳槽或转行，营销人员变得越来越紧缺。分支行为有效解决营销人员紧缺问题，会积极动员乃至强制其他岗位人员转岗成为营销人员，但因现有的培养培训体系不健全，刚转岗的人员经过短暂的业务培训后就立即上岗，造成营销人员业务能力不足，难以快速适应营销岗位，部分人员出现

逐步自我否定或被调整岗位的局面。为破解营销人员能力提升问题，分支行要建立营销人员培养机制，制定培养方案，固化培养模式，快速有效地提升营销能力，确保快速适应岗位，提升人员产能效能。

一是建立培养机制，完善培养模式。 新转岗的人员只有经过系统培训和精心培养才能快速成为一名合格的营销人员。否则，让新转岗员工"自学成才"，对于学习能力强、领悟能力高的营销人员可能经过一段时间的摸索学习，会逐步会适应以及胜任营销岗位。对于学习能力弱、领悟能力低的营销人员会逐步出现迷茫或自我否定，难以胜任营销岗位。所以，分支行要建立营销人员培养机制，完善人员培养模式，优化培养流程，确定培养标准、培养目标、培养时间，形成固定的培养模式，有效解决营销人员短缺的问题，同时解决营销人员能力产能提升等问题。

二是建立培养模式，明确培养标准。 营销人员经过一段时间的集中培训，可能对信贷业务的基本知识有所了解，但业务营销技能和操作技巧只有经过不断实战训练，才能得到有效提升。分支行需要建立"师带徒"的培养模式，并根据具体实际情况，为新转岗员工配置一名导师、两名副导师，其中导师须为业务能力和经验较强的营销人员，副导师主要是业务操作能力较强的营销人员和负责风险控制的员工。导师负责营销人员培养计划的制订执行以及业务营销能力的提升，两名副导师分别负责营销人员操作能力的提升以及风险控制能力的提升。同时，要明确培养标准，形成培养体系，培养标准包括但不限于业绩标准、评价标准以及奖惩标准。新转岗营销人员合格的业绩标准为自转岗之日起3个月内，熟悉掌握各类业务的操作流程；自转岗之日起6个月内，完成至少5户，合计金额不低于1 000万元的民营企业贷款；自转岗之日起一年内，完成至少10户，合计金额不低于2 000万元的民营企业贷款等。

三是严格考核评价，奖惩及时到位。 分支行成立评价小组，根据营销人员评价方案，及时对营销人员开展评价工作，并确定下一步培养计划。评价小组成员主要由分支行条线部门组成，具体评价标准包括条线业务指标完成情况、风险管理指标完成情况、条线工作评价、导师工作评价等。同时，为提升"师带徒"培养模式的效果，充分调动导师的积极性，使其及时检验徒弟学习效果，设置考核奖惩标准，并根据具体考核评价情况，及时给予师徒奖惩到位。考核评价分3个月、6个月和1年三个时间段开展，考核评价结果分合格和不合格，对考核评价合格且达到门槛目标的导师、副导师给予一定的物质奖励。反之，对于考核评价不合格的导师、副导师视具体情况给予一定处罚，如取消年度评先评优等。对于考核不合格的徒弟，视具体评价情况给予诫勉谈话甚至调离岗位处理。

二、优化业务培训模式，有效推进能力提升

目前，分支行针对业务人员的培训计划非常丰富，但从具体实际情况来看，培训效果不佳。很多条线业务培训就是为了培训而培训，在意的是完成培训任务，而培训效果可以忽略不计，出现本末倒置现象。营销人员时间被浪费，而培训也没有达到预期的效果，甚至大量培训反而引起营销人员的反感和抵触。因此，分支行要优化业务培训模式，丰富培训方式，看重培训效果，达到用最少的时间产生最佳的效果的目的，这样才能扎实促进营销人员能力提升。

一是整理制度产品，形成操作手册。总行规章制度数量众多，各类业务产品琳琅满目，这些制度和产品还会经常修改，且通常以通知或文件形式下发，有时会出现分支行业务人员因经常外出拓展业务而关注不到位的现象，从而影响业务办理的效率以及风险控制的能力。所以，分支行业务条线需要将产品制度收集整理成产品手册，及时提示有新产品及旧产品的新规定，方便营销人员快速学习产品。风险条线需要将审批政策及产品风险防控管理要求整理成为操作规范，及时提示有新政策及旧政策的新规定，便于营销人员快速学习管理规定。这种方式实质上也是一种培训方式，营销人员通过自学将自己想要知晓的相关产品和管理规定学习到位，目的在于缩短营销人员的学习时间，提高学习效果。

二是优化培训模式，提升培训效果。 目前业务培训的模式基本上是培训人员在台上讲，营销人员在台下听，按照规定人都到场了，但有没有效果不在考虑的范围内，造成大部分业务培训流于形式，培训规定动作都做到位了，但达不到培训的目的。所以，要优化培训模式，从根本上提升培训效果，要坚持以培训效果为导向，采取前后测试的差异化培训模式，有效提升培训效果。前测试是指在培训前需要对接受培训的人员开展测试，摸底被测试人员现有业务水平的高低，对于测试成绩不理想的人员要求留下接受现场培训，而对于测试成绩达到测试分数线的人员予以可以不参加现场培训的特殊政策奖励。摸底结束后就可以根据了解的情况，做到有针对性培训，真正提升培训效果。后测试是指培训结束后要组织被培训人员参加培训测试。测试达标的人员真正结束此次培训，测试不达标的人员必须接受下次的培训，直至培训测试达标才能结束本次培训。这种培训模式关注培训质量和效果，让被培训人员培训时有压力，做到真正用心参加培训。

三是坚持以案说法，提高实战能力。 分支行对营销人员只开展理论培训，不注重实践培训，培训效果可能欠佳。要坚持以案说法，提高营销人员的实战能力，确保培训效果，达到培训的目的。一方面在理论培训的同时穿插真实案例介绍，做到理论联系实际，让被培训人员能够感同身受，这有助于提升培训效果；还可以邀请有实战经验的员工在培训会上将自身的业务办理经验或者案例与被培训人员分享，提升营销人员的实战能力。另一方面，组织营销人员共同开展业务研讨培训，讨论具体业务的做法，并结合研讨人员的意见或建议，总结出具体业务最有效的经验做法，供所有营销人员学习参考，在交流中提升营销人员的实战水平。

三、明确规范走访要求，有效提升拓展能力

外拓走访能力是营销人员必须具备的基本能力。目前，从实际情况来看，分支行的营销人员并不都具备独立外拓走访的能力，主要原因在于有

些人思想上没有根本转变，认为营销客户是分支行行长的事情，自己只需负责业务操作，无需外拓走访，具不具备外拓走访能力并不重要。外拓走访能力不是一朝一夕就能得到有效提升的，需要反复锻炼、不断总结才能形成。由此，分支行要明确规范走访要求，改变营销人员的错误思想，倒逼营销人员养成走访习惯，从而提升拓客能力。

一是明确走访要求，培养走访习惯。 分支行会议应反复强调营销人员不能每天待在办公室，要外出走访。但是因冬冷夏热、风吹日晒的艰苦环境以及面对陌生人的恐惧心理，营销人员不会主动外出走访。所以，分支行必须根据营销人员工作的实际状况，制定走访方案，明确走访客群、走访时间、走访数量、奖惩措施等要求，倒逼营销人员养成走访习惯，提升走访拓客能力。例如，方案可要求营销人员每周必须走访新客户不低于3户，低于达标数的，每少一户给予50元处罚；完成走访任务数的，每多一户给予20元奖励，每周结束立即予以兑现，经过3个月以上的锻炼，营销人员就会自然而然地养成走访习惯，并且能够在走访客户中享受成功"拿下"客户的成就感。

二是强化打卡管理，避免走访失真。 有些营销人员可能因各种原因对外出走访存在抵触心理，虽然腿迈出了办公室，但是心依然留在办公室，认为走访外拓是形式主义，随便外出走走就可以。为了完成走访外拓任务，可能会出现弄虚作假的现象，随意找个客户打卡拍照就算完成任务，形式上符合走访要求，但是实质上起不到任何走访效果，外拓能力得不到有效提升。由此，分支行必须对走访外拓规定动作严格要求，利用走访系统打卡定位，强化对营销人员走访痕迹的管理，确保走访的真实性，严肃打击弄虚作假行为，让营销人员真正养成走访习惯，从而提升营销拓客能力。

三是及时有效返检，强化走访质量。 外拓走访的最终落脚点还是有效获客。所以，必须关注营销人员的走访质量，走访质量的高低决定着有效获客数量的多少。分支行条线管理部门要对营销人员走访质量及时开展返检，主要返检外拓走访客户的成功率。对于走访外拓任务完成情况非常好但合作客户数量非常低的营销人员，需要与其谈话，了解成功率低的主要原因：是存在弄虚作假行为，还是方法需要再优化完善等。但如果所有的营销人员均完成不了下达的走访任务，要认真分析，是不是营销人员案头工作繁忙没有时间外出走访，需不需要调整走访任务等。及时返检的主要目的在于打击弄虚作假行为，消除其抵触情绪，真正让营销人员养成走访的习惯，提高走访能力和营销能力。

四、优化营销人员组合，有效提升人力效能

俗话说："三个臭皮匠，顶个诸葛亮。"个人的力量是有限的，团队的力量却是巨大的。在实践中，很多分支行的营销人员是在单枪匹马的作战，没有充分发挥团队的作用，导致很多人力效能未能得到有效发挥，出现人力资源的严重浪费。同时部分营销人员个体力量单薄，并不能有效服务客户，造成客户不满意。因此，分支行要优化团队人员组合，根据实际工作需要，构建各种类型团队，充分发挥团队作用，真正实现团队"1＋1＞2"的作用，有效提升人力效能。

一是优化团队组合，有效培养新人。团队组合不但能够发挥作战能力，同时也可以有效培养新员工。营销工作需要的技巧性，不是一朝一夕就能够掌握的，必须经过反复的实战演练才能掌握。新员工具有缺乏实战经验的劣势，但有充裕时间的优势；老员工具有实战经验和业务资源的优势，但有工作繁忙、时间紧张的劣势。分支行要有效培养新员工，就必须要优化团队组合，充分发挥各自优势，使其相互配合、相互促进，提升团队作战能力。新员工可以帮助团队中的老员工处理案头工作，减少老员工的业务操作时间，使其可以集中精力外拓业务。老员工可以利用自身掌握的资源优势，帮助新员工介绍客户资源，有助于新员工的初期学习锻炼，提升工作能力；同时"先输血、再造血"的做法可以有效减轻新员工业务初期的业绩压力，从而提升新员工的岗位自信心。

二是优化团队组合，实现公私联动。 分支行营销人员分为对公营销人员和对私营销人员，因条线不同，故分工考核不同，造成各条线人员单枪匹马作战。总行大会小会反复强调要实现公私有效联动，但是效果不理想，两条线营销人员还是各自为政，谁都不会想到谁，谁也不可能支撑谁，造成客户资源浪费，分支行综合收益降低。因此，可以优化团队组合，构建"公司＋零售"的团队模式，实行综合业绩考核，充分深挖客户资源，从根本上有效解决公私联动问题。

五、完善考核评价机制，有效激发员工动能

分支行建立考核评价机制的最终目的是要有效调动员工积极性和能动性，从而有效完成各项任务指标。但是若考核机制不合理，不仅起不到正面激励的作用，反而还会造成不公平现象，出现不干活的员工还是不干活，认真干活的员工可能也不愿意干活的局面。因此，要完善考核机制建设，充分利用考核机制指挥棒，有效调动员工的主动性和积极性。

一是建立积分制考核模式。 目前，分支行的营销人员数量有限，下设网点的营销人员更少。按照传统的考核模式，分支行将绩效切割至网点，由网点负责人对营销人员开展考核。因被考核人员较少且彼此关系较为熟悉，可能会出现考核失效的现象，如网点两位营销人员集体躺平，绩效考核就变成了"大锅饭"。同时也可能出现考核不公平的现象，如网点业绩完成情况非常好但网点营销人员个人业绩完成情况较差，与网点营销人员个人业绩完成情况较好但网点业绩完成情况较差相比，后者可能得到的绩效更高，主要原因在于营销人员对网点资源的依赖性较高。因此，要完善考核机制，建立积分制考核模式，调动营销人员的主动性和积极性。积分制考核是将员工的各项考核指标折算成分数，按照最终考核情况算出总分。比如积分制考核的总分是 1 000 分，其中存款考核指标为 100 分。主要核心在于打通网点间营销人员的考核，形成跨网点同序列且部分考核得分与网点考核挂钩的考核模式，这样可以有效解决网点人员集体躺平以及

考核不公平等问题。例如，分支行下设共有 10 个网点 20 名营销人员，平均每个网点 2 名营销人员。按照传统的考核模式，分支行仅对网点开展绩效考核并将绩效工资切割至网点，由网点负责人对营销人员考核。然而，按照积分制考核模式，由分支行直接对 20 名营销人员开展考核，营销人员考核得分按照一定比例与所在网点考核得分挂钩。这种考核模式可以打破将考核权限下放至网点，由网点负责人对 2 名营销人员开展考核，造成考核失效或不公平等问题，从而充分调动员工的主动性和积极性，营造良好的竞争氛围。

二是完善评价退出机制。 目前分支行的营销人员虽然紧缺，培养起来需要一段时间，但是绝对不能让营销人员养成躺平的负面习惯。否则，不但自己产能低下，而且还会影响其他营销人员，起到不好的示范作用，破坏工作氛围。要完善评价退出机制，制定评价退出办法，设置营销业绩达标门槛，对于长期"滥竽充数"的业绩不达标的营销人员，及时作出给予岗位调整或退出岗位处理，从而形成"能进能出、能上能下"的激励机制，让营销人员有危机感和紧迫感，提升营销人员的能力。

第四章

围绕客户如何服务，形成合力提效能

拓客渠道建设是解决客户从哪里来的问题，提升服务合力是解决客户如何服务的问题。坚持"以客户为中心"的理念，首要的任务就是要做实做优客户服务工作，让客户体验感和满意度得到有效提升。目前因业务发展及内控管理需要，银行分工精细化程度较高，一个工作流程可能涉及多个工作岗位，如前中后台、机关和基层、柜面和客户经理等。若各个岗位、各个环节配合协调到位，形成强大服务力量和效率，能有效满足客户服务需求。相反，若各个岗位、各个环节遇事推诿，相互扯皮，相互抱怨，不仅会影响工作效率，会影响客户体验感和满意度，从而有损整个银行的品牌和形象。因此，分支行要树立正确的服务理念，形成有效的服务意识，强化岗位分工职责，完善监督评价机制，形成服务合力，确保服务质效。

第一节

树立正确服务理念，形成优质服务意识

员工的工作行为总是会受到某种服务思想或服务意识的影响和支配，这种服务思想和服务意识被统称为服务理念。服务理念是企业使命和宗旨的具体体现，也是企业服务的责任和目标。坚持"以客户为中心"的理念，要求分支行每个部门、每个条线以及每个岗位员工都要树立正确的服务理念，形成优质服务意识，形成强大的服务客户的合力。因此，分支行必须正确处理行长室与基层经营、管理条线与分支机构、机关与分支机

构、柜面与营销人员之间的关系,树立机关为基层服务、柜面为客户经理服务以及上下有效联动等正确的服务理念,形成强大的服务合力,确保目标一致,共同服务客户。

一、机关服务基层理念

机关服务基层理念,主要是指分支行机关部门及员工要坚持首问负责制原则,及时响应基层需求,提高服务效率及服务质量,有效满足客户需求。基层员工奋战在一线,主要职责是对外拓展业务和客户,机关部门主要职责是有效解决基层提出的各类需求,协同满足客户需求。但有时现实情况并非如此,机关部门及员工没有很好地践行机关服务基层理念,遇到基层员工提出的问题出现不敢担当、不愿担当及拖延处理的现象。然而,"上面千条线,下面一根针",基层员工冲在基层业务最前线,承受着外部营销客户的压力,肩负着内部完成考核指标的使命,同业竞争愈演愈烈的情况下,很多时候需不厌其烦地满足客户需求,特别是遇到难缠的客户更是如此。如果机关部门面对基层员工还遇事推诿、扯皮、拖延,长此以往会造成营销人员心理不平衡,失去营销客户的动力,时常还会将业务指标完成差的原因归咎于机关部门服务不到位,上下联动不畅。

一是机关服务基层是一种态度。分支行就是一个团队,每个岗位只是分工不一样,大家的目标都是一致的。机关部门及人员只有坚持机关服务基层的服务理念,摆正权力和服务的关系,想基层所想,解基层之难,才能让基层员工心里暖和,充满干事创业的动力。即使有些问题超越其能力范围或者不是立即能够解决的,但是只要摆明解决问题的态度,也会得到基层员工的理解。相反,机关部门及员工如果总是居高临下,感觉自己比基层员工高人一等,认为做业务就是基层员工的事情,业务能不能做成也是基层自己的事情,遇到基层提交的问题就推诿、扯皮、拖延,不愿担当、不敢担当,甚至出现"门难进、脸难看、事难办"的现象,长期下去会造成基层人员工作有怨言,失去热情。

二是机关服务基层是一种责任。 基层在外带兵打仗，机关作为后勤部队服务基层是一种义不容辞的责任，必须全力以赴提供服务支撑，共同为客户解决问题，提高客户满意度。不能面对基层提出需求或需要解决问题时，就不愿意担当、不敢担当，出现推诿、扯皮、拖延等现象。基层业务做得不好，机关部门也有不可推卸的责任。因为对集体来说，所有人员只是岗位不同、分工不同，目标是完全一致的，就是要共同完成上级行下达的各项任务指标，当完成不了任务指标遭到上级问责时，机关部门也难以推辞责任。

三是机关服务基层是一种情怀。 机关服务基层，及时有效帮助基层解决问题是一种情怀，就像父母对孩子的关心一样，要长年累月不间断地给予关心和关注。遇到基层员工提出新问题和新情况时，不是表现出害怕、不敢担当、扯皮、推诿、拖延的样子，而应该有一种不解决问题不罢休的态度和情怀，敢于面对新问题，敢于面对新矛盾，敢于迎难而上，敢于无私奉献，及时研究解决问题的思路，提出解决问题的办法，真正让基层员工感受到关键时刻团队的力量和家人一般的温暖。

二、柜面服务营销人员理念

柜面的主要职责是在控制风险的前提下为客户有效办理业务，柜面服务的对象大部分是由营销人员外拓的客户。作为业务落地中不可或缺的关键一环，要坚持柜面服务营销人员理念，全力全面高效地帮助营销人员服务客户。然而，现实情况并非都如此，柜面人员时常有"事不关己，高高挂起"的思想，认为客户是营销人员的客户，业务做成做不成那是营销人员的事情。特别是面对一些不熟悉、难办的业务时，多数情况下首先不是想到要积极主动地与上级沟通，想方设法地帮助营销人员把业务做成，而是选择推诿甚至拒绝办理，导致客户不满意，埋怨甚至嘲讽营销人员，认为营销人员当初营销业务时对其网点的服务能力有夸大其词的成分，从而造成营销人员非常被动，为后续的营销增添难度。因此，分支行要坚持

"柜面服务营销人员"的理念，相互理解、相互配合、相互支持，共同服务好营销人员的客户，让营销人员在客户面前能兑现承诺，助力营销人员提高营销成功率。

一是熟悉客户情况。 柜面人员在办理业务过程中遇到不熟悉的客户或者不清楚客户具体需求的情况下，千万不要表现出来极其不耐烦的态度，而是要在安抚住客户的同时，及时与营销人员沟通，及时熟悉客户情况，了解客户办理业务需求，争取能够为客户提供高效满意的服务，提升客户的柜面服务体验感和满意度。

二是及时沟通协调。 柜面办理业务过程中遇到客户不理解、不配合、不愿意或抱怨手续多嫌麻烦等问题时，柜面人员要冷静处理，不要与客户发生冲突，要及时安抚客户，并立即与营销人员沟通交流，请营销人员与客户解释，避免产生不必要的矛盾和误会。当业务难以办理或者办理业务需要与上级单位沟通协调解决时，不要立即拒绝客户或者告知客户业务难以办理，而是要及时与营销人员以及上级单位沟通协调。自己难以沟通协调时，需要及时和领导汇报，必要时可请行领导出面协调解决，而不是推诿、扯皮、拖延办理，从而导致客户对柜面服务不满意。

三是营造良好氛围。 柜面人员在办理业务过程中，要不断提升自身的服务技巧和服务质量，把营销人员的客户当作自己的客户一样对待，争取给客户留下深刻印象，感受到温暖，要与营销人员有效配合，解决其服务上的后顾之忧。

三、上下有效联动理念

分支行是一个团队，每个岗位只是分工不一样，总体目标是一致的，需要大家共同努力，一致对外做好客户服务，从而共同完成任务。基层在业务拓展过程中遇到问题和困难时，上下要有效联动，共同解决问题，而不是上层管理者推诿、扯皮，让基层员工自己想办法解决。这样会造成基层员工不信任上层，认为上层只会下达任务，或利用考核手段压榨基层员工，而不会帮助基层解决问题，长此以往会造成基层与上层内心"对立"的局面，基层员工可能口头上不敢对上层提出反对和质疑，但内心却充满抱怨，可能会选择彻底躺平或软抵抗，从而影响全员奋斗氛围的形成。相反，基层遇到问题及时汇报至上层或者上层积极主动帮助基层沟通协调解决问题，会让基层员工倍感温暖，即使自己完成不了业绩指标，也认为是自己能力的内因问题，而不是外因问题。由此，要坚持上下有效联动的理念，及时有效帮助基层解决问题。

一是及时回复基层的问题并帮助其解决问题。对于基层汇报营销中遇到的问题，要及时回复并帮助其解决问题，真正让基层感受到上层把基层的事当一回事。一方面要认真分析基层遇到的问题，如是上层能力范围内能解决的问题，必须立即安排条线部门当即落实到位，并确定完成的时间和进度。同时，对于基层营销过程中需要上层给予支撑站台的，上层要责无旁贷地提供支撑和服务；另一方面对于上层难以支撑解决或者在其权限范围内难以解决的问题，上层要及时与自己的上层汇报解决，为基层争取政策支撑等。总而言之，上层要把基层提出的问题当成自己的事情，快速响应并提出有效的解决方案，让基层感受到温暖，相信团队的力量。

二是要及时到基层调研。本着实事求是的原则，听取基层员工汇报工作中遇到的困难、需要解决的问题以及需要得到的支撑等。现场能答复能解决的问题要现场解决；现场解决不了的问题要请机关部门限时拿出问题的解决方案，明确责任部门、责任人以及完成的时间节点等。对于确实无法解决的问题，可以耐心与基层沟通交流，告诉其真实的情况，争取得到基层的理解，真正让基层感觉基层遇到的问题并不是基层的事情，也是上层以及全行的事情。通过上层及时有效的帮助基层解决问题，营造良好的工作氛围，做到上下目标一致，共同战胜困难，共同分享成果。

第二节

强化岗位职责分工，提升有效服务能力

分支行岗位分工的主要目的是提高工作效率，更好地服务客户，但分工细化带来的弊端在于部门间会形成"部门墙"，遇事推诿、扯皮的现象时有发生。然而，分支行是一个团队，各岗位只是分工不一样，总体目标是一致的。要有效拆除"部门墙"，只有厘清各岗位职责，树立正确的服务理念，有效提升服务效能，才能形成强大的合力，确保完成上级下达的任务指标。否则，分支行就像一盘散沙，部门间各自为政、各有想法，会出现相互推诿、相互扯皮的现象，给基层解决问题带来较大困难。

一、厘清部门职责，提升服务合力

分支行机关有多个部门，部门之间只有分工明确、职责清晰，才能有效做好为基层服务工作，避免遇事推诿、扯皮及拖延等现象发生。分支行要厘清机关部门职责，建立首问负责制、限时办结制和服务评价机制等，有效为基层解决问题，形成服务合力，更好地为客户提供服务。

一是厘清机关部门职责。要想机关部门有序运作，必须明确各部门的分工，厘清各部门对应的工作职责。机关各部门要按照分工确定的部门职责开展工作，对于职责履行不到位的，应按照要求追究其责任。因此，分支行要明确各部门的分工，厘清各部门的职责范围，并将其固化成制度条款，及时对外公布职责清单及联系人以及投诉电话等，便于基层知晓和有序对接。若机关部门之间出现了职责"真空"地带，则遇事推诿、扯皮、拖延等情况肯定会时常发生。同时，出现问题需要追责时，必然会产生扯皮的现象，找不到真正需要负责任的部门。

二是开展首问负责制。首问负责制是指机关部门及员工接到基层员工的需求时，不得以不属于自己岗位职责为理由推脱而不办理。接到基层需求的部门或员工，要帮助员工找到办事的部门或人员。因为基层对机关内设部门的职责分工和办事流程缺乏清晰的了解，遇到问题不知道找哪个部门哪个人员解决。分支行内设机构较为简单，一般情况下职责范围比较清晰，但有时会存在一些新情况，从而出现找不到对应的职责部门，机关部门之间出现推诿、扯皮的现象。因此，要在机关部门建立首问负责制，只要基层员工遇事找到机关部门及员工，如是本部门应该办理的事项要及时办妥；如不属于本部门办理的事项，就要帮助基层员工及时与其他部门联系对接，后续还需要及时有效跟踪，确保基层提出的问题得到及时有效解决。

三是开展限时办结制。限时办结制可以督促机关部门及员工提高办事效率，及时有效地解决基层提出的问题。为做到限时办结，可以从以下方面着手：一方面可以评估机关部门各岗位各项职责的工作服务时限，同时列出服务时限承诺清单，及时对外公布，后续必须按照对外清单开展服务工作，服务时限可以比公开承诺的时间短，但绝不能超出公布的服务时限，否则基层员工可以向上级投诉；另一方面建立各项系统流程，在系统流程各个流转节点设置服务时限，如果各节点出现逾期不办，将会自动流转至下个节点，此时视为同意且风险自己承担，主要目的在于要求机关部门及人员限时解决问题，提高工作效率，提升满足客户满意度。若不如此会严重影响基层办事效率。

四是开展服务评价制。服务评价机制可以有效督促机关部门及员工转变工作作风，提高服务基层效率和质量。分支行按月或者按季度组织基层员工对机关部门及员工开展服务评价，评价的内容包括服务态度、服务时限、服务质量、工作能力以及首问负责制等等。评价过程只有保证公平公正公开透明，才能达到评价的目的和效果，否则评价工作流于形式，不仅起不到评价的真正作用，还会引起基层员工的猜疑和反感。可以利用全行全员会议期间组织开展评价工作，评价时间必须临时通知，防止机关部门及员工出现拉票现象。评价问卷由基层两名员工分发、收回并统计公布，避免出现基层员工不敢真实评价或者评价不真实的现象发生。评价结果当场公布,并且将评价结果与机关部门及员工的个人绩效考核挂钩。同时,对多次评价靠后的机关部门及员工展开约谈,提出整改意见,要求及时整改;对于多次整改不到位的机关部门负责人及员工予以调整岗位处理。

二、明确办事员定位,提升服务质效

办事员是机关部门的重要角色,也是连接基层员工与上层的重要纽带。办事员对基层的服务态度和质量会直接影响基层员工的办事服务感受及服务效率。结合分支行办事员的主要工作职责,其角色定位归纳总结为四种:桥梁纽带、风险防控、优化创新以及营销引领。其中,桥梁纽带主要是指办事员在基层员工和上级单位中起到桥梁纽带作用;风险防控主要是指办事员对基层上报的业务及流程需要初步把关,以有效防范各种风险;优化创新主要是指办事员在日常工作过程中应根据基层工作的客观实际情况,对总行下发的各类流程提出优化完善建议以及对自身现有工作创新,提高自身工作效率,以提高帮助基层员工的工作效率;营销引领主要是指办事员需要承担分支行少量的营销指标任务,主要目的在于提高营销意识,更好地理解基层营销的不易,从而提升服务基层的意识。

一是发挥桥梁纽带作用。 机关办事员处于上级单位与基层员工之间,具有桥梁纽带作用。基层员工能否及时知晓并有效理解上级单位下发的各项制度及通知规定等重要信息,机关办事员起到非常重要的作用。由此,分支行要提高办事员的综合素质,充分发挥办事员的桥梁纽带作用。一方面对于上级单位下发的规章制度及通知等相关文件,办事员首先自己要充分消化理解,再结合分支行实际情况,按照要求下发至基层,而不是将接收到的信息原文照搬照抄下发至基层,让基层员工自己消化理解。否则可能会出现基层员工对上级单位下发的文件理解不透,甚至难以理解的现象发生,从而影响对上级单位下发的相关要求的执行;另一方面机关办事员与基层员工联系非常紧密,对基层单位的工作内容及相关做法比较熟悉,

能够有效地将基层单位的真实需求及存在的问题等及时反馈至上级单位，便于上级单位及时调整管理模式，制定新的赋能政策，及时有效地解决基层难题、满足客户需求。

二是发挥风险防控作用。 在日常经营管理过程中，基层员工可能会存在风险防控能力有限或者对总行下发的相关规定理解不够透彻等问题，导致申报业务或提交流程不合规而造成各类风险发生。办事员在防控风险的过程中扮演着非常重要的角色，是各类风险防控的第一道关口，肩负着有效防控风险的重要任务。办事员要具备防控风险能力，充分发挥风险防控作用，有效识别和预防基层各类风险发生。一方面要能够有效识别风险。对于基层员工提交的业务流程以及事务流程要有识别风险的能力，重点审核基层员工提交的业务或事务流程、事项内容是否符合法律法规、本行的各种规章制度规定是否存在主要风险点等，对于初步审核符合规定的及时提交至上级审批，对于初步审核不符合规定的要予以退回，并及时主动地与流程发起人沟通说明原因，审核过程中如发现重大风险点必须向上级领导及时汇报。另一方面要能够有效预防风险。风险防控要坚持预防为主、防控结合的原则，办事员要对基层申报业务频繁出现的风险点开展有效梳理，分析发生风险的主要原因，并提前制定相应的管控规则，以有效防范风险。办事员有效识别及预防风险可减少上级审批单位的工作量，提高各类流程的审批效率。相对于分支行而言，分支行的上级单位管理半径较大，且对基层情况的熟悉程度不够，只有经过分支行办事员把关后，才能提高审批效率且有效防范风险。否则，会严重影响基层各类业务的审批效率和风险防控质量。

三是发挥优化创新作用。 随着社会发展以及市场竞争环境的变化，传统的工作模式可能会难以满足基层快节奏的工作需要。分支行办事员要不断改善知识结构，提升工作能力，优化传统的工作模式，创新工作方法，以有效提升服务基层的效率和质量，增加基层营销人员对外营销的竞争力。分支行要充分发挥办事员的优化创新作用，在不违反总行相关规定的前提下，切实有效优化传统的工作模式和工作方法，同时结合基层实际需求，创新工作模式和工作方法。一方面要优化传统的工作模式。部分传统的工作模式并不能适应现在的工作需要，办事员要结合目前基层存在的现实问题及实际工作需要，不断优化传统的工作模式和工作方法，提高服务基层的工作效率和工作质量。比如，原有的审批模式比较烦琐，而同业的审批模式比较简便，非常受客户欢迎，办事员就要根据基层需求不断优化现有审批模式，简化审批流程，从根本上满足客户需求。同时将基层反馈的自身不能解决的意见或建议反馈至上级单位，及时请求上级单位有效调整经营管理政策，更好地满足基层员工需求，提升对外服务能力。另一方面要创新工作模式。办事员在分支行服务基层的过程中扮演着重要角色，面对遇到的新问题、新情况，要及时加强业务管理知识学习，有效调整自身的知识结构，提升自身的工作能力，创新工作模式和工作方法，以更好地为基层服务。例如，遇到基层上报的新业务或出现的新问题，不能用老一套方法去应对解决，而要快速研究出解决新问题的新方法。

四是发挥营销引领作用。行内各岗位的职责分工规定，机关办事员的本职工作是处理与岗位相关的事务性工作，营销工作并不是其本职工作，但是为了形成全员营销的氛围，提高服务基层的效率和质量，分支行要对办事员下达一定的营销指标，要求办事员在提升服务意识、做好本职工作的同时，还必须具备一定的营销能力，充分发挥办事员的营销引领作用。通过营销指标的下达，推动办事员的引领示范和服务意识转变的作用。面对目前竞争激烈的市场环境，营销人员营销压力逐步增大，针对机关部门下达的各项任务指标，经常会出现抱怨心理，认为机关部门只会下达任务，自己却没有指标压力，长此以往会造成基层营销人员心理失衡，抵触情绪严重。因此，在给基层营销人员下达任务的同时，应适度给机关办事员下达一定量的营销指标，营造出"千斤担子人人挑，人人头上有指标"的营销氛围，以有效解决营销人员心理不平衡问题。同时，也可以有效推动办事员服务意识的转变。机关办事员面对下达的营销任务指标，通过亲身经历体会到营销工作的压力和困难,更能从内心理解基层营销人员的压力与难处,从而推动服务意识的转变,切实提高服务效率和服务质量。

三、练就柜员本领,提升服务形象

"练就柜员本领,提升服务形象"是分支行提出坚持"以客户为中心"理念的必然要求。柜员是分支行对外服务的窗口和名片,其服务态度及服务质量必然会影响到客户的满意程度,也会对自身的对外形象产生重大影响。服务到位必然会吸引更多的客户,服务不到位也必然造成客户流失。因此,柜员要练就柜面服务所需的过硬业务本领、服务本领及沟通协调本领,提升自身的服务形象。通过不断提升服务水平,增强客户的满意度和认可度。

一是练就过硬本领。有效办理业务的本领是柜员服务客户的基本素质和能力。业务本领过硬与否直接影响客户办理业务的体验感和满意度。一笔业务平均二十分钟即可办理完毕,而部分柜员因自身办理业务能力的问题需要一小时才能办理完毕或者办理业务手续比他人要复杂,这种服务能力必然会影响客户的满意度和体验感。由此,柜员首要的任务是要练就过硬的业务本领,努力提高办理业务的水平和效率,让客户真切感受到柜员自身的专业性,树立自身的服务形象。因此,一方面要加强业务知识学习。柜员要认真深入学习行内的各项规章制度和操作规定,精通各项业务的办理程序和流程,能够做到快速帮助客户办理业务和解决问题,从而得到客户的充分认可。另一方面要强化业务技能。柜员只有经过反复训练,熟能生巧,业务技能才能得到充分提高。要加强练习点钞、打字及数字键盘,并设定目标,日日练、周周练、月月练、季季练,逐步提高速度,缩短业务办理时间,并在不违反规定的情况下简化办理手续,让客户真正感受到自己是受过高度专业训练的"快枪手"。

二是提高服务意识。让客户得到满意的服务是柜员工作的主要宗旨,服务结果必然会直接影响到客户的体验感和满意度。柜员要练就较高的服务本领，真正做到让客户满意，为分支行树立良好的形象和品牌。要注意自身服务细节，客户初次到柜台办理业务时，可能会比较在意柜员的接客礼节、服务态度、沟通交流方式以及业务办理速度等服务细节，这些细节做得是否到位可能会影响到客户的满意程度，影响服务印象。柜员要注意服务细节，初期接触客户时要在细节上下功夫，争取让客户非常满意，从而对自己的服务产生依赖性。就像去超市购买东西一样，几个超市紧挨在一起，如果你第一次去某家超市，超市售货员服务态度非常好且服务非常到位，就会对他印象非常好，下次有需要时肯定会优先光临这家超市。但如果售货员服务态度不好，下次如有需要就可能不再去这个超市，除非只有这个超市里有你所想要的东西，但是心里还会不舒服。要尽量满足客户的需求，客户的需求主要在于自己需要办理的业务能否得到有效的办理。柜员的服务主要在于能够帮助客户办理好其所想办理的业务。需求和服务是否一致，关键在于客户是否满意以及满意的程度。业务办理结束后客户表示满意，说明柜员服务没有问题；客户不满意说明柜员服务存在问题。除非客户的需求违法违规，柜员难以满足之外，其他合理的需求一般都要满足客户。但是在实际办理业务的过程中，有些柜员在按章办事的前提下，尽量满足客户需求，即使满足不了也会做出相应的解释，得到了客户的理解，但有些柜员在服务过程中比较死板，态度生硬，严格对照规章制度的条条框框办理业务，出现难办业务或者模棱两可业务时，会立即找理由告诉客户不能办理，而不是帮助客户想办法尽量办理。即使办理不了，和客户解释的方式和态度也存在问题，引起客户不满意甚至出现投诉事件。所以，柜员要提高服务客户的本领，对客户的需求需要尽量满足，即使不能满足需求，也需要合理灵活处理，而不是抱着"事不关己，高高挂起"的态度，让客户不满意。同时，要努力与客户成为朋友。俗话说："一次客户，一生朋友，成交只是开始，服务永无止境。"第一次给客户办理业务能让客户满意，只是分支行柜员高效服务的开始，柜员可以利用自身的专业知识乃至自身的人脉关系，为客户提供延伸服务或增值服务，让客户倍受感动，与客户处成真心的朋友。

三是提升沟通协调能力。柜员在办理业务过程中不但要与客户打交道，同时还需要与客户经理、机关部门乃至上级单位沟通交流。因此，柜员要具备良好的沟通协调能力，正确处理好各方面关系，以更好满足各方需求。有的柜员认为只要按章办理业务即可，看起来不符合规定的业务直接回复客户办理不了，甚至让客户直接去找客户经理解决，客户经理难以解决的甚至需要找上级单位协调解决，从而造成客户和客户经理均不满意，直接影响柜员乃至银行的形象声誉。实际上，有些业务在不违反规章制度前提下，只要积极沟通，是可以有效办理的。这一方面要柜员扩充自身的知识面。要加强学习，学深学透规章制度，有些业务办理不了的主要原因在于自身对规章制度学习了解不透；同时对自身岗位之外的业务也要加强学习，拓宽自身知识面，比如说信贷业务相关要点。另一方面要提升自身的沟通能力。柜员要养成沟通习惯，办理业务过程中遇到问题，不要直接推诿，而是要与同岗位人员沟通请教，向客户经理了解情况，同时积极主动与上级行相关岗位汇报情况，争取业务办理成功，而不是一推了之。

四、强化条块联动，提升服务能力

目前，分支行行长室一般是由一名行长和几名分管副行长组成，其中行长负责主持分支行的全面工作，而几名分管副行长各自分工分管各自的条线工作。如前台的公司条线分管副行长分管分支行公司条线工作，前台的零售条线分管副行长分管分支行零售条线工作，中后台分管副行长分管风险条线、运营条线、财务条线、安保条线工作等。然而，分支行是一个不可分割的整体，条线分工主要目的是能够更好地拓展客户和服务客户，如果在有效分工的同时做不到有效联动，则每个条线均会从自身的利益角度出发，可能会出现各自为政以及"事不关己，高高挂起"的现象。同样，当遇到需要共同解决问题时，条线之间也会存在推诿、扯皮的现象，难以形成有效的联动，不能形成合力帮助客户解决问题，从而难以满足客户需求。由此,必须要强化条块之间的有效联动,强化分工不分家意识,才能形成强大合力,从而提升服务客户的能力。

一是思想高度统一,提高服务意识。分支行在明确各条线各自职责和考核任务指标时,必须要求各条线之间形成服务意识,打破各自边界,确保有效联动。分管条线之间如果存在扯皮、推诿现象,会直接导致机关部门及办事员难以为基层做好服务。各条线要统一思想,分工不分家。要知道分支行是一个团队,只是分工不一样,大家目标是一致的,条线之间要联动、条块之间也要联动,要切实有效形成服务意识,更好满足客户需求和提升客户满意度。

二是实施有效联动,形成服务合力。只有实现条与条、条与块之间有效联动,才能形成服务合力,满足客户需求。一方面公私要联动,共同服务客户。打破业务条线之间限制,实现有效联动、资源共享。如为了业务需要,可以将零售客户提升为公司客户,从公司客户获取零售客户资源。另一方面前中后台要联动,前台负责客户营销,中后台负责风险防控及业务支撑,共同解决客户问题。条与块也要有效联动。条线与机构之间密不可分,条线指标需要通过机构实现,机构需要条线沟通协调与服务支撑。

三是完善考核机制,提升服务质效。条线与条线、条线与机构之间要实现有效联动,这说起来容易,做起来特别困难。"条线墙""部门墙"永远都会存在。因此,要完善考核机制,倒逼条线之间形成联动思维,从根本上提高服务质效。一方面要建立条线联动考核体系,确保条线之间、条线与机构之间的考核相互挂钩,让所有人都必须对联动主动负责,不负责或者负责不到位的必定要承担一定后果。将前台条线考核指标按照一定比例与中后台挂钩,将零售条线与公司条线指标按照一定比例互相挂钩,将机构考核与挂钩联系的分管副行长考核挂钩。另一方面对于条线联动存在的问题,要深入排查,查找问题的原因和发生环节,严肃处理推诿、扯皮以及拖延等情况,追究条线负责人及分管副行长责任,同时要对联动情况比较好的条线和机构予以奖励和宣传,其目的在于树立典型,开展正面宣传和引导。

第三节

完善监督评价机制，确保服务质效实现

如何推倒条线"部门墙"，有效解决跨条线、跨部门协作问题，真正做到机关为基层服务、柜面为营销人员服务以及分支行上下有效联动，是每个分支行都必须认真思考的问题。问题得到有效解决，会促进分支行经营管理可持续发展。反之，可能会影响分支行的经营管理质效。这些问题说起来容易，做起来却十分困难。条线、部门之间画圈为界、各自为政，遇到基层提出的问题相互推卸责任、相互扯皮的现象屡禁不止，对外服务效率低下，造成基层员工怨声载道，严重降低了客户体验感和满意度。分支行必须完善监督评价机制，建立争议评议、晋级争位、民主测评评价和评价退出等机制，形成有效联动的服务机制，确保服务质效，从根本上提升基层员工和客户的满意度。

一、建立争议评议机制

在基层遇到问题时为及时有效解决条线"部门墙"及遇事推诿、扯皮、拖延等问题，确保服务质效，分支行必须建立争议评议机制，及时评判所遇问题的归属，明确主体责任，确保基层提出的问题及时有效得到解决。

一是建立争议评议领导小组。 争议评议机制可以由分支行办公室牵头负责，成立以分支行行长为小组组长、分管副行长为组员的争议评议机制领导小组，领导小组办公室设置分支行办公室。主要职责在于评议部分条线、部门职责之外新的事务，首问负责制执行不力以及遇事推诿、扯皮、拖延等事务。对于新的事务可以明确办理部门；对于首问负责制执行不力以及遇事推诿、扯皮、拖延等情况，及时评判相关环节责任，及时追究相关责任部门和责任人的责任。

二是明确新问题的办理要求。基层员工在办理业务过程中,如遇到新问题找到相关部门被拒绝处理,或按照职责分工找不到相关部门汇报及办理时,可以向评议领导小组办公室提出申请,办公室牵头召开评议会议,及时明确办理牵头部门及相关协办部门、责任人及办理时限等。

三是对执行不力开展追责。对于遇事推诿、扯皮及办事拖延等现象或者首问负责制执行不力的情况,基层可以及时向评议办公室发起投诉,由评议办公室提交评议小组及时评议,对执行不力开展严肃的追责。

建立争议评议机制的主要目的是及时给予基层申请解决新问题的通道,形成解决机制,避免基层有怨无处申诉及靠私人关系解决问题的情况发生。

二、建立晋级争位机制

建立晋级争位机制主要目的在于机关部门要与其他相关或类似的部门开展对标找差,及时发现自身存在的短板和不足,主动采取措施提升自身考核名次。机关部门要想完成晋级争位的目标,必然会将各项任务指标分解至基层,并需要依靠基层单位贯彻落实,以有效实现任务目标。建立晋级争位机制,可以有效倒逼机关部门不断提升自身的服务效率和质量,努力为基层提供优质的服务。

一是明确晋级争位目标。分支行要召开机关部门目前工作情况及上年度考核情况分析会,听取各部门的工作思路和想法汇报,找出目前工作的短板和不足,并结合同级单位相关部门的排名情况,确定机关部门晋级争位考核的目标。比如,分支行风险管理部门去年考核在全行排名第十,根据晋级争位机制要求,结合目前主要工作情况,要求今年考核排名必须达到保七争六的目标。目标的确立必然会倒逼风险管理部门认真梳理自身工作存在的不足,提出达到考核目标的主要措施。

二是完善晋级争位考核。订立目标必须有考核配套,不然所订立的目标就是一句空话,从而导致目标任务难以完成。分支行在订立机关部门晋级争位目标时，必须配套制定相关的考核制度，并将其纳入部门的 KPI 考核。通过考核制度的约束，增加机关部门的压力感和紧迫感，倒逼机关部门提高服务基层的效率和质量。

三是运用晋级争位结果。分支行要充分运用晋级争位的结果，将考核结果与条线部门的绩效考核及评先评优充分挂钩。对于完成晋级争位目标的条线部门予以表扬奖励。同时，对于未能完成晋级争位目标的条线部门予以通报，并召开分析会，要求其分析原因、提出整改计划及完成时限，目的在于倒逼其不断提升自身的能力。

三、建立民主测评机制

民主测评机制主要是指基层员工对机关条线部门、办事员以及柜面人员的服务态度、服务能力、服务质量等方面开展测评工作，倒逼测评结果排名靠后的主体提出改进服务的措施，从而有效提高服务水平。民主测评是一种常见的评价手段，但是在实际操作过程中，常因操作不规范导致民主测评流于形式，有时候还会造成测评人不信任测评，认为只是一种走过场。由此，必须规范民主测评方式和开展过程，以起到有效评价的作用。比如说让客户经理对办事员开展民主测评，如果测评票分发、回收以及结果统计由办事员负责，测评人员会因为害怕被测评人知道其测评结果而不敢真实评价。

一是完善测评机制。测评不能走过场，否则测评效果就得不到保障，而且还会造成测评人员对测评机制产生不信任。因此，必须完善测评机制，让参与测评的人员敢于测评，真实反映被测评人员真实情况，从而有利于对被测评人员形成监督。一方面测评前需要把测评规则向参与测评人员解说清楚，特别是告诉测评人员此次测评公平公正，采用无记名打分方式，且被测评人仅会看到最后结果，看不到打分的票面情况，这主要在于解除参与测评人员的后顾之忧。另一方面测评时测评票的分发、收回及统计必须有基层人员负责，不得由被测评人员负责，这样有助于反映测评的真实结果。

二是优化测评方式。 测评方式有多种，可以根据实际情况需要安排不同的测评方式。比如集中现场测评、下基层现场测评、小程序投票测评等，每种测评方式各有其特点和利弊。集中现场测评是召集被测评人到会议现场开展测评，当场测评当场宣布测评结果。下基层现场测评是当分支行负责人下基层与员工谈话时，员工在谈话现场对被测评人打分测评。小程序投票测评主要是指利用微信小程序或专业工具设置投票规则开展测评。不管何种形式，都必须要确保测评形式公平。

三是运用测评结果。 对于测评结果要第一时间公布，以防测评人和被测评人怀疑测评结果的真实性，从而影响测评的公信力。同时，对于测评结果要充分运用，否则会造成测评流于形式。一方面要及时通报测评结果及排名情况，让被测人员感受到声誉上的压力；另一方面将测评结果与评先评优、绩效分配及时挂钩，让被测评人员真实感受到对收入的影响。此外，还要及时对测评排名多次靠后的员工或机构负责人开展约谈或诫勉谈话，召开提升分析会议，倒逼被测评人员及单位及时整改提升。

四、建立评价退出机制

建立评价退出机制，设置评价指标，结合KPI考核、民主测评及晋级争位等考核结果，让真正能够做到坚持服务理念并服务好的条线部门、办事员和柜面人员得到充分肯定，对于不能坚持服务理念且服务不佳的条线部门、办事员和柜面人员予以通报甚至退出处理。通过评价退出机制的实施，在分支行营造良好的服务氛围，保证思想一致、行动一致，共同提升服务能力，进而不断提高客户满意度，增强客户体验感。

一是制定评价退出标准。 征求各条线部门、机关办事员及柜面人员意见，开展全员讨论，共同参与制定评价办法，明确评价及退出标准，如晋级争位得分、民主测评得分门槛等。让被评价人与评价人员积极参与，主要在于全面统一思想，达成共识，让被评价人深感压力，便于后续执行评价。

二是定期公布评价结果。 评价不是目的，是要通过评价督促或引导被评价人及时整改，提升自身的服务能力，更好满足服务要求。定期公布评价结果，主要在于让被评价人第一时间知晓自己的被评价情况，及时纠错纠偏，努力提升自身服务能力。

三是定期开展宣讲活动。 选取典型案例和反面案例，在全行开展宣讲工作，通过宣讲活动，让全员了解好的做法和先进经验，也通过负面典型案例警示全员，特别是被评价人员。主要在于塑造一个良好的氛围，让做得好的条线部门及人员保持好的服务态度，鼓励他们做得更好，同时也让做得不好的条线部门及人员必须改变自己的服务态度，弥补不足、提升能力，逐步做好。

第五章

围绕风险如何防控，找准方法夯基础

分支行行长作为单位的"一把手",全面负责经营管理工作,不但要完成上级行下达的各项业务指标,还要有效防范各类风险,只有确保不发生风险事件,才能保障分支行稳健可持续发展。要全面拓展客户渠道建设和提升服务客户的能力,也要深入思考有效防控风险的问题。前者是解决分支行"活下去"的问题,后者是解决分支行"活得好"的问题,两者紧密联系,缺一不可。目前总行建设有各类科技系统,通过智能化手段控制各类风险,虽然能减少很多风险的发生,但并不能做到防范所有风险。分支行因经营业务范围有限,并不是所有风险都会发生,主要高发的风险为与客户有关的信用方面的风险,与员工有关的操作方面的风险,具体包括合规风险、信用风险、操作风险、声誉风险、安全风险、案件风险,等等。由此,分支行行长要有效梳理及识别分支行涉及的各类风险点,做实做深做透各类风险防控的规定动作,形成有效的风险防控氛围和文化,以确保分支行稳健经营,合规可持续发展。

第一节

合规风险防控要点

根据巴塞尔银行监管委员会发布的《合规与银行内部合规部门》规定:合规风险主要是指"银行因未能遵循法律、监管规定、规则、自律性组织制定的有关准则,以及适用于银行自身业务活动的行为准则,而可能遭受法律制裁或监管处罚、重大财务损失或声誉损失的风险"。因此,合规风险主要是由于银行经营管理行为违反监管规定可能遭受监管处罚的风险。分支行的业务产品是由总行业务部门拟定并送合规部门审查后发布的，业务审批权限一般集中在上级行的审查审批部门。分支行如果按照产品制度规定开展业务，或者将总行的审查审批要求执行到位，一般情况下是不会发生合规风险的，即使发生了合规风险，主要原因也在于总行相关产品制度或者审查审批意见本身就存在违反监管规定的情形。但是，从目前监管部门处罚通报的情况来看，分支行部分业务受到监管部门的处罚频率相对比较高。因此，分支行行长必须高度重视防范合规风险。从目前监管部门对银行分支机构的罚单事项来看，分支行合规风险主要集中在信贷资金用途不真实、信贷资金回流、虚增存贷款等方面。

一是及时防范新业务新项目的合规风险。 随着同业市场竞争日趋激烈，银行金融机构信贷产品创新层出不穷，同业市场经常会出现新产品新业务，农商银行分支行的营销人员经常会模仿同业创新一些产品业务，但监管部门对不同层级的银行金融机构的监管政策存在差异性，部分新业务新产品在其他银行同业可以办理，但因监管限制农商银行却难以办理此项业务。为有效防范合规风险，分支行对于业务经营过程中拟开展的新业务新产品，必须要按照新产品新业务合规审查审批的规定，及时提交总行相关业务及合规管理部门开展合规性审查，必要时需要提前与监管部门请示沟通，审查通过后，按照权限提交总行相关委员会或行长办公会审批，然后才可以办理。切记不可以抱着"初生牛犊不怕虎"的态度先斩后奏，从而引发重大的合规风险。

二是及时防范弱化审批条件的合规风险。 在目前农商银行的信贷业务审批模式下，部分农商银行采用总行与分行分级审批模式，将部分权限的信贷业务审批权限下放至分支行，由分支行自行审查审批；部分农商银行信贷业务则采用集中审批模式，分支行并没有审批权限。为有效防范合规风险，分支行无论是否有审批权限，都必须严格按照总行相关产品制度开展审查审批，并按照批复要求执行，确保各项业务符合规定。对于有部分信贷业务审批权限的分支行，在业务审批过程中，负责部门要严格按照总行产品制度规定开展审查审批业务，不能因为业务需要而简化流程或者突破部分制度规定要求，从而引发合规风险；对于没有审批权限的分支行，必须按照总行相关审查审批批复要求，严格落实授用信审批批复条件，确保业务合规。如授用信批复中明确要求贷后管理条件关注信贷资金回流、受托支付交易对手等，营销人员就要在贷款发放后按照要求检查贷款资金受托支付是否合规、信贷资金有无回流，等等。

三是及时防范重点业务的合规风险。根据目前监管部门处罚的情况来看，分支行在经营管理过程中，要及时关注被监管部门处罚频率较高的业务合规性问题。分支行在开展这些业务时，必须严格把关，确保业务的合规性，否则易造成合规风险发生。比如，信贷资金真实用途问题。信贷资金发放后会存在被客户挪用而造成用途不真实的情况。因此，在贷款资金发放前，营销人员务必及时提醒并告知客户资金用途不真实的后果，并在贷款发放前严格审查资金用途。再如，信贷资金回流的问题。在贷后检查时，营销人员要及时监测信贷资金是否出现回流现象，如果发现信贷资金回流，必须严格按照贷后检查要求揭示风险，并要求客户提前结清贷款。营销人员在开展存单质押贷款或开立全额保证金银票，以及购买保险、贵金属及信托业务时，可能因质押资金或者购买资金来源于信贷资金而发生合规风险。因此，开展上述重点业务时，分支行必须严格把关，重点审查客户资金来源，告知客户违规风险，确保客户资金来源合规。

四是及时防范异地分支机构的合规风险。目前大部分农商银行的经营范围局限于本地，但是部分较大的农商银行早期则突破地域限制地，设立了异地分支机构。按照属地监管的原则，异地分支机构在接受总行所在地监管部门监管的同时，还要接受其所在地监管部门的监管。为有效防范合规风险，异地分支机构在监管政策上既要遵从总行所在地监管部门的监管规定，同时还要遵从异地分支机构所在地监管部门的监管规定。在双重监管政策下，异地分支机构必须按照从严的监管政策开展业务经营工作。如总行所在地监管部门要求单户贷款不得超过 5 000 万元，而异地分支机构所在地的监管部门要求异地分支机构单户投放贷款不得超过 3 000 万元，则应按分支机构所在地监管部门的要求执行。因此，异地分支机构要和当地的监管部门保持密切的沟通和联系，及时知晓异地监管指标和监管要求，在遵从总行所在地监管规定的同时，还必须严格遵从异地监管规定，以确保不发生合规风险。

第二节

信用风险防控要点

信用风险又称违约风险，是指借款人、证券发行人或交易对方因种种原因，不愿或无力履行合同条件而构成违约，致使银行、投资者或交易对方遭受损失的可能性。信用风险是农商银行面临的主要风险，对信用风险进行有效管理，是农商银行风险管理的核心所在，同时也是农商银行稳健经营和可持续发展的基础和保障。为了有效防范信用风险，总行制定了贷款"三查"制度及实施细则，明确了贷款贷前调查、贷中审查、贷后管理各环节的规定动作及执行要点，同时还通过接入外部大数据等形式，不断深化贷款"三查"要求，但是能否有效防范信用风险，关键还在于分支行营销人员对总行制度规定认识理解是否到位、执行是否到位以及是否存在道德风险等。分支行防控信用风险的关键在于打破营销人员的认识误区，强化信用风险意识，建立岗位制约机制，加强员工管理培训，提升营销人员识别和控制风险的能力，只有这样才能够有效把控信用风险。

一、信用风险防控认识误区

分支行经营的对象之一就是信贷客户，有信贷客户的存在必然会存在信用风险的可能性。防范信用风险发生是分支行营销人员的重要任务，既要做到贷款能够投放到位，也要确保信用风险防控到位。正确认识信用风险，提升信用风险防控意识是分支行营销人员有效防控风险的第一步。从信用风险防控的实际情况来看，分支行营销人员在信用风险防控认识上存在一定误区，如分支行营销人员认为一切都要"以客户为中心"，简化了信用风险防控流程，认为管理岗位参与平行调查会影响业务办理效率；分支行营销人员仅对营销业务负责，由总行审查审批部门对信用风险负责，只要审查审批通过，客户信用风险就可控；认为转岗人员经过短暂培训就可以胜任信贷岗位，具备防范信用风险的基础和能力；分支行营销人员把资金中介当作获客的重要来源渠道。分支行营销人员在上述信用风险防控认识上的误区，一定程度上削弱了信用风险防范意识，可能会一步错步步错，造成信贷资产质量降低，潜在风险难以估量。因此，分支行要充分认识信用风险防控工作，提高信用风险防控意识，采取措施更加精准有效地防控信用风险。

一是存在认为平行调查会影响业务审批效率的误区。管理岗位参与营销人员申报业务的平行调查，主要是为了有效提升信用风险识别能力，迎前防控信用风险。然而，营销人员认为要坚持"以客户为中心"，一切要满足客户需求，为了便于业务操作，提高办理时效，认为管理岗参与平行调查会影响业务办理效率，贷前调查仅需要营销人员或分支行行长等双人现场调查后，直接提请上级行相关部门审查审批即可。营销人员这种想法看起来也不无道理，貌似真正践行了"以客户为中心"理念，申报、审查、审批流程越少越短，就越能提高工作效率，从而有效满足客户需求，但是从目前众多的不良贷款问责及银行案件成因来看，这种想法是偏颇的，甚至为某些营销人员"内外勾结"干坏事提供了机会。实际上，真正影响业务申报效率的不在于流程，而在于各个流程节点上相关人员的工作效率。管理岗位人员参与业务平行调查，不但可以有效提升营销人员风险识别和防范能力，迎前提出优化方案，有时比调查不透直接申报造成反复补充资料、沟通协调的情况更节省时间。此外，通过前后台的岗位制约，还可以达到有效防范营销人员道德风险的目的。

二是存在认为信用风险主要由审查审批部门负责的误区。在实际工作中，迫于业绩指标的压力，分支行的营销人员认为其主要工作职责在于客户营销、服务和维护等工作，客户的信用风险则主要由负责审查审批的部门把关和控制，审查审批通过的客户信用风险总体可控。然而，事实并非如此，信用风险防范的关键在于营销人员的贷前调查，调查情况是否真实以及调查是否尽职到位直接影响信用风险能否有效防控。营销人员应当按照"了解你的客户"（KYC）原则，对客户是否有真实经营场地、经营情况是否正常、申报材料是否真实有效以及能否给予授信做出准确有效判断，并提出初步授信意见。审查审批岗位一般情况下则是对营销人员申报的客户材料开展形式性审查，重点审查客户申报授信的逻辑性、材料的合规性等。在贷前调查过程中，如果营销人员没有尽职调查，未能发现客户材料本身涉嫌造假，甚至没有实地现场调查，审查部门所有的审查审批结果也必然是徒劳一场。同样上级行在制定审查政策时，有时候存在认识上的误区，不信任分支行营销人员的调查能力，多数时候认为制定一些规则，规则中多做点条条框框限制，就能够限制营销人员的"胡作非为"，从而有效防范信用风险。事实上，小微企业客户千差万别，即使同行业两个规模相当的小微企业，在某些财务指标上也会存在较大差异，仅靠一套规则开展审查审批而忽视营销人员的贷前调查作用，必然会造成一些经营销人员实地调查认为能够开展授信的客户被审查审批人员否决。长此以往，将会导致部分营销人员为了授信议案能够顺利审查通过，协助客户甚至指导客户按照审查审批规则要求包装申报材料，这样申报议案虽然是审查通过了，但是客户的信用风险却难以防控到位。因此，切实有效提升营销人员的贷前调查能力，确保贷前调查尽职尽责，是有效防范信用风险的重要基础。

三是存在认为转岗人员经过简单培训就具备风险防控能力的误区。目前，分支行的营销人员比较紧缺，人员流动频率较高。为解决营销人员短缺的问题，很多分支行将其他岗位员工特别是部分校招员工从其他岗位转岗至营销岗位。很多分支行认为转岗人员经过短暂的业务和风险知识培训就可以胜任客户经理岗位，能够开展客户营销，办理信贷业务。但是，办理信贷业务并不是简单的业务操作，需要具备一定的素质和经验，这些经验又是需要经过不断培训及不断积累实践才能形成的。目前，在分支行实践中，对于新转岗的人员，经过简短的业务及风险培训，通过上岗考试，顺利取得客户经理牌照后，就认定其成为一名"合格"的客户经理。在后续的业务操作过程中，分支行可能根据实际情况为其配一名或者多名师傅，指导其跟班学习实际操作经验。如果师傅有责任心，徒弟会进步快点；反之，则需要营销人员"自学成才"，才能真正胜任营销岗位。因此，转岗人员实际上不具备风险防控能力，必须还要经过正规的系统性培训及跟班学习，才能胜任营销岗位，真正认识和防范信用风险。仅靠营销人员自我摸索或形式化的跟班学习，难以有效识别、监测和控制信用风险。

四是存在认为与不良中介合作业务省时省力的误区。 市场上资金中介比比皆是、鱼龙混杂，甚至有些银行员工辞职成立中介机构，名义上是帮助客户有效融资，实际上是通过包装材料及与银行员工内外勾结骗取银行资金，从中收取客户的中介费。对于客户来说，增加了融资成本；对于银行来说，因材料包装造假增加了风险。在业内，农商银行营销人员是不良中介主要的围猎对象之一。总行大会小会反复强调和警示，甚至召开全行警示教育大会，出台与不良中介合作的相关管控和处理政策，严禁营销人员与不良中介机构开展业务合作。但从现实情况来看，营销人员和中介合作现象屡禁不止，有的人员甚至合作得越来越深，乃至发生道德风险，葬送自身的事业前途。究其原因，主要在于部分营销人员缺乏业务拓展能力，随着业务压力越来越大，很多员工认为应优先解决生存问题，信用风险问题后续再说，毕竟刚刚投放的业务不会立即就发生风险，等出现风险后可以找理由推脱或者自己已经到达轮岗时间，可以逃避掉。殊不知，与不良中介开展业务合作，业务压力虽然减轻了许多，但是会留下信用风险乃至道德风险隐患，后期易陷入处置风险的"泥潭"，耗费更多的精力，付出更大的代价。不良资金中介主要是依靠客户的信息不对称及自身帮助客户包装材料取得银行授信的。与不良中介合作的营销人员并没有认真对客户开展贷前调查工作，或者对于中介包装的材料睁一只眼闭一只眼，导致授信议案信用风险较大。随着时间的推移，很多客户的信用风险慢慢就会显现出来。因此，必须严控分支行营销人员与不良资金中介合作。要更好地防范营销人员与不良资金中介合作，有效规避可能产生的信用风险乃至道德风险，除了反复开会提醒、警示之外，关键需要派出管理岗位人员参与营销人员业务进行平行调查，只有亲临现场，共同与客户面对面交流，按照要求详细调查问询，才能知道该笔业务是否为不良中介推荐的业务，同时也能够现场核实客户提供的材料的真实性。共同现场尽调的方式，对营销人员可起到威慑作用，营销人员会惧怕与不良中介业务合作及材料造假暴露，更害怕暴露后受到严厉的处罚。

二、信用风险防范主要措施

针对信用风险防控，总行建立起了整套的制度体系，但制度是否有效关键还在于分支行营销人员能否有效落实到位。制度执行不到位，信用风险防控就仅停留在纸面上。信用风险防控的关键在于人，核心在于防人。正确认识信用风险，打破认识误区，建立岗位制约机制，强化管理培训，不断提升营销人员风险意识及识别、控制能力，才能切实把控住信用风险。

一是建立管理岗位人员平行调查机制。 参与平行调查的人员，可以是前台业务部门的非营销岗位人员，也可以是中后台的管理人员，如何进行岗位设置，主要取决于分支行组织架构及职责分工。参与营销人员信贷业务贷前平行调查工作，可以根据贷款金额大小，决定参与平行调查的人员的层级。例如，200万元（含）以下，由分支行管理部门办事员参与平行调查；200万元以上～500万元（含）以下由管理部门经理参与平行调查；

500万元以上～1 000万元（含）由分管后台副行长参与平行调查；1 000万元以上必须由分支行行长参与平行调查。此外，还可以根据企业性质、担保方式或将以上维度相结合来分层参与平行调查。中后台管理人员参与授信调查工作主要在于制约和监督营销人员，共同做好贷前调查，促进营销人员贷款调查能力的提升。一方面参与平行调查可以有效确保贷款企业经营、申报材料的真实性，有助于控制营销人员与不良中介开展业务合作；另一方面可以帮助营销人员提升贷款调查能力，充分了解贷款企业，迎前识别企业信用风险。俗话说，"三个臭皮匠，顶个诸葛亮"，多人调查可以更深入地了解企业。同时，通过参与平行调查，管理部门可以提前了解申贷企业的情况，迎前把控信用风险，一旦发生风险，也可为后续的不良处置工作奠定基础。

二是建立管理岗位人员贷中审核机制。贷中审核机制主要是指管理部门人员需要对营销人员提交的议案材料的质量及逻辑性予以初步审核把关。管理部门人员不但要参与营销人员的贷前平行调查，也要对营销人员贷款申报材料进行审核把关。建立管理岗位人员贷中审核机制，对营销人员申报的业务进行标准化、规范化审核，提高授信议案的申报质量及审批通过率。其中包括议案的调查报告是否符合要求，调查要点是否详尽，风险点是否揭示到位等。若营销人员在申报议案时，规范性存在问题，调查佐证材料不全或不符合要求，应揭示的风险未揭示或未完全揭示，会给审查审批人员增加工作量，也加大了审查难度，导致被不断要求补充材料，使审查审批时间延长，极大地影响了议案的审批效率。贷中审核把关还可以将总行审查审批政策有效贯彻落实，管理部门人员对营销人员实行一对一有效辅导，让营销人员理解悟透总行制度政策，切实提高风险识别能力。例如，总行审批政策会适时调整，规章制度、通知要求不断更新，而分支行营销人员主要忙于外拓营销客户，有时难以及时知晓新要求，即使知晓可能在理解上也不太透彻，从而影响总行政策的执行效果，而贷中审核把关可以帮助营销人员及时知晓并理解新的制度规定，有效减少了不符合政策的议案申报被退回现象的发生。

三是建立管理岗位人员贷后返检机制。从实际经营情况来看,分支行营销人员"重投放,轻贷后"的现象比较严重,贷后管理流于形式的现象时常发生,导致出现风险后未及时有效揭示到位,管控措施未及时采取到位而造成资产损失。要建立管理岗位人员贷后返检机制,对营销人员贷后检查情况进行审核返检,明确贷后管理要求,督促按照规定动作开展贷后检查,以不断提高营销人员的贷后管理水平;要定期抽检营销人员贷后检查情况,对于返检过程中发现有疑点的信贷客户,应及时上门现场检查,这样可以有效防止贷后流于形式现象的发生。

四是建立健全转岗人员培训学习机制。对于新转岗的营销人员,在上岗培训时,一般比较重视业务知识、操作规范及营销能力等方面的培训,而忽视了风险合规意识、风险防范等方面的培训,造成部分营销人员风险意识淡薄,甚至认识中缺少风险合规的理念。在开展集中培训时,要加大风险合规方面的培训力度,内容不但包括部分理论知识,还要选取部分违规案例开展警示教育;在开展跟班学习时,要求新转岗营销人员不但要跟班学习业务知识,同时还要和管理岗位人员一起跟班学习,比如跟班学习6个月,其中在风险条线跟班学习不低于2个月,从转岗之初就要培养风险合规意识,有效提升信用合规风险防范能力。

五是建立营销人员违规积分档案机制。营销人员刚转岗从事营销工作时,偶尔犯错误并不可怕,可怕的是经常犯错误,甚至涉嫌故意犯错。要有效规范营销人员的信贷业务行为,及时纠正和避免违规行为发生,需要建立营销人员违规积分档案机制,及时给营销人员画像。一方面收集营销人员不规范或违规信息数据,按季度予以画像通报,督促营销人员不断反省自己,不断提升自身能力。另一方面从不同维度给予分析,得出其违规行为背后的动机,及时跟踪、及时调整岗位,对于涉嫌故意违规甚至存在道德风险行为的营销人员,要及时给予惩处。

六是建立信贷档案集中上收保管机制。有部分信贷业务到期未能按时收回，需要诉讼催收，债权债务关系虽然特别清晰，但是信贷档案丢失，导致债权还是难以收回。这种现象虽然不是特别常见，但是偶尔也会发生，其后果及损失不堪设想。因此应建立信贷档案集中上收保管机制，要求营销人员办理完信贷业务时，必须在规定时间将信贷档案整理后交给管理人员集中保管。管理人员对上交的信贷档案的及时性及完整性予以通报考核，促使营销人员养成良好的习惯，以有效避免信贷档案丢失现象发生，进而达到防范信用风险的目的。

第三节

操作风险防控要点

《银行保险机构操作风险管理办法》指出："本办法所称操作风险，是指由于内部程序、员工、信息科技系统存在问题以及外部事件造成损失的风险。本定义所指操作风险包括法律风险，但不包括战略风险和声誉风险。"操作风险管理是全面风险管理体系的重要组成部分，目标是有效防范操作风险，降低损失，提升对内外部事件冲击的应对能力，为业务稳健运营提供保障。它明确了董事会、监事会和高级管理层的责任，界定了三道防线的具体范围和职责，明确了第一道防线包括各级业务及管理部门，是操作风险的直接承担者和管理者，负责各自领域内的操作风险管理工作。第二道防线包括负责各级操作风险管理和计量的牵头部门，指导、监督第一道防线的操作风险管理工作；第三道防线是各级内部审计部门，对第一、二道防线履职情况及有效性进行监督评价。由此可见，分支行作为第一道防线，是操作风险的直接承担者和管理者。操作风险发生主要是由于员工操作不当所致，主要由柜面业务办理、印章管理、各类系统操作、对外签订协议、员工轮岗等引发。

一、柜面业务操作风险

在商业银行众多的操作风险中,柜面操作风险是一种出现频率高、影响范围广、管理难度大的风险,70%以上的银行案件直接或间接与柜面操作有关。因此对柜面操作风险进行有效控制,对银行安全、稳健、健康发展起到至关重要的作用。银行柜面业务不仅种类繁多,有些业务操作也比较复杂。虽然柜面科技化、智能化程度越来越高,很多业务风险已可通过系统进行防范与控制,大大减少了柜面操作风险的发生,但是部分业务还是难以通过系统有效防控,更多依赖于柜面人员的职业能力、职业素质及岗位制约等。柜面操作风险的防范主体是"人",防范对象也是"人",涉及的人员主要包括分支行行长、内勤主管、柜面员工及运营条线管理人员。只有不断提高柜面相关人员素质、操作能力,持续优化和完善柜面的岗位制约,才能切实有效地防范柜面操作风险。

一是提高柜面人员业务能力。柜面是银行对外服务的窗口,柜面人员直接与客户打交道,主要负责为客户办理业务。柜面人员不但要履行服务职责,还肩负着防范操作风险的任务。其过硬的业务能力、较强的综合素质,对柜面操作风险的防范有着至关重要的作用。因此一方面分支行在招聘选用柜面人员时,要设置必要的岗位门槛,综合考核柜面人员的整体素质;另一方面要不断通过业务技能比赛、岗位能力年检等方式,加强柜面人员业务技能,提升风险防范能力,增强风险识别和控制能力。此外,还要保持柜面人员的稳定性,建立起"老带新""传帮带"的人才培养梯队。

二是强化内勤主管管理能力。内勤主管是柜面人员日常管理的直接负责人,其业务能力、合规意识、综合素质等对柜面操作风险防范有着重要影响,是防范柜面操作风险的重要岗位。除要具备业务技能外,内勤主管还必须要具备相应的管理能力。因此,一要增强内勤主管的风险防范意识。柜面不但是服务的窗口,更是防范操作风险的重要环节,要在业务合规及风险有效控制的前提下,更好地提升自身服务能力,而不能为了业务发展而无条件放弃风险防控。二是要强化内勤主管的管理能力。内勤主管是柜面甚至整个大堂的管理者，其管理能力强弱影响着柜面人员的业务能力及风险意识。

三是强化分支行行长管理能力。很多分支行行长在柜面业务管理上存在认识误区，认为柜面管理是内勤主管的事情，和行长无关或者关系不大，行长仅需负责信贷业务或者对外营销。然而，分支行行长是单位的"一把手"及各种事项的第一责任人，柜面管理工作是其工作的重要组成部分。因此，强化分支行行长管理能力，对防范柜面操作风险能起到重要作用。一方面要提升自身风险意识。在柜面业务办理过程中，坚持风险优先原则，只有在业务合规及风险有效控制的前提下，才去办理各项业务。另一方面要提升对柜面业务的管理能力。通过开展突击检查，充分发挥对柜面业务环节的监督作用，比如每月、每季度不定期查库。同时，按月召开内勤会议，反复强调柜面风险防范的重要性，提升柜员及内勤主管的操作风险防范意识。

四是加强管理条线辅导检查。在柜面操作风险防范中，分支行运营管理条线的检查辅导有着不可忽视的作用，它是柜面与上级行运营条线的桥梁和纽带。针对柜面存在的问题，运营管理条线应开展辅导和督查，指导并协助柜面人员提升业务操作水平。在运营工作日常管理中，要加强突击检查，即不定期对柜面业务开展检查，比如突击查库、调取业务办理监控、抽查凭证管理等，既对柜面人员起到震慑作用，也能够及时发现问题，做到早发现、早整改，避免问题日积月累，导致重大操作风险的发生。

五是建立违规举报机制。柜员和内勤主管均是在分支行行长的领导下工作的，面对部分行长或内勤主管违规办理业务的行为，柜员有时候碍于情面不敢不办理，或者担心不办理会被行长或内勤主管私底下"穿小鞋"，不利于工作开展和个人事业发展，这样会导致柜面业务办理内控失效，更容易造成风险及案件发生。要建立违规业务举报通道，柜员或内勤主管等相关人员面对违规业务办理时，可以按照举报途径进行举报，及时制止违规业务办理，防范风险发生。同时，配套建立举报人员保护机制，切实保护举报人利益，为举报人提供保障，打消举报人顾虑。为避免举报人遭到打击报复，可以将举报人调离当前岗位，确保举报人人身安全和工作安全。

六是建立连带问责机制。"一人生病，众人吃药。"建立连带问责机制，倒逼所有条线管理者都要负起岗位责任，履职尽职，耕好自己的"一亩三分地"。有些条线管理者怕得罪人，甚至认为自己处于上层，出现的问题是基层的问题，即使出现问题也问责不到自己，导致对基层一些该管的问题不及时管理，造成风险发生。所以，必须建立连带问责机制，对于条线出现的相关问题，要强化对条线所有人员的问责，倒逼条线人员管起来，从根本上解决问题。例如，柜面人员出现差错，其是直接责任人，内勤主管负主要管理责任，负责运营的条线部门负责人负相应的管理责任，分管运营的副行长需负管理责任，分支行行长也需负管理责任。

二、印章管理操作风险

分支行印章管理操作风险发生的概率不大，但是一旦发生定会造成重大损失，比如印章不规范使用，导致发生银行及分支机构对外担保事件。分支行印章包括网点业务公章、贷款合同章、分支行公章、党支部章等，所有对外加盖印章的行为均代表单位的意思，具有法律效力，需承担法律后果。因此，分支行务必要规范印章管理，减少有效印章操作风险的发生。

一是强化印章管理风险意识。不少单位印章管理不规范，认为对外加盖印章不会引起风险甚至法律后果，印章管理比较随意混乱，保管人员是比较闲散甚至无法胜任其他岗位的人员，盖章流程也不规范，这些现象的存在将会导致印章管理风险发生。要加强印章管理人员的管理，不断强化印章管理部门及印章管理人员的风险意识，印章管理不规范会带来巨大风险，甚至会产生不可估量的法律后果。

二是规范印章管理流程。印章管理引发的操作风险，主要在于印章管理人员能力不足、印章管理流程不规范。要规范印章保管流程，建立规范的保管和使用流程，遵从双人保管原则，并在监控下加盖使用。同时，要规范印章使用流程。严格按照印章管理要求使用，不可简化流程或者逆流程操作。所有加盖印章的材料必须经过有关部门或岗位审核，提交审批人员审批，必要时还要经过法律部门法律审查后方可对外盖章，切记不可私自对外加盖公章。印章管理人员必须对盖章材料严格审查核对后方可盖章，防止用章系统中提交的用印材料与印章使用人现场提供的用印材料不一致，甚至多于系统中提供的材料；谨防印章使用人私自夹杂其他盖章材料而加盖未经审批的印章，从而引发其他法律风险。

三是开展印章使用情况检查。分支行印章管理条线部门要定期或不定期开展印章保管及使用情况检查，主要在于发现不规范问题，及时督促整改落实，防范操作风险发生。通过调取用章监控、现场调取印章登记簿或用章系统材料、现场有关人员访谈等方式，检查印章管理及使用是否规范、是否存在问题等。发现问题及时对相关人员进行处罚，目的在于形成规范、有序、紧张的印章管理氛围。

分支行引发操作风险的行为还有很多，如各类系统的违规操作、违规对外签订协议及未按规定轮岗交流等。在此暂不一一赘述。总体来说，要有效防控操作风险主要有以下几点：一是通过会议或培训反复强调违规操作产生的不良影响及其后果，提升相关人员的风险意识，形成良好的风控氛围；二是要梳理操作规范及明确操作流程，规范各类操作行为；三是定期或不定期开展各类检查，发现问题及时通报及处罚，及时纠错纠偏，督促相关人员养成良好的习惯；四是建立条线相关人员连带问责制度，"不敢管、不想管、不会管、管不好"的都要被连带问责，督促条线人员形成"敢管、想管、会管、管好"的良好氛围。

第四节

声誉风险防控要点

《银行保险机构声誉风险管理办法(试行)》第二条规定:"本办法所称声誉风险,是指由银行保险机构行为、从业人员或外部事件等,导致利益相关方、社会公众、媒体等对银行保险机构形成负面评价,从而损害其品牌价值,不利其正常经营,甚至影响到市场稳定和社会稳定的风险。"声誉风险产生的原因是复杂的,有可能是公众对银行的认识存在偏差,银行自身部分信息披露不充分或不主动,群众的自我维权意识不断提升、部分媒体炒作或者报道不实,以及银行员工自身服务不到位或存在问题等。根据《中华合作时报》全国农村金融舆情监测平台统计,截至2023年末,全国农商银行、农信社共发生舆情104.16万条,相比2021年的85.56万条,总量上升21.74%。同时,其将年度声誉风险事件分为经营风险、消费投诉、员工行为三大类。其中,因服务态度问题引发的舆情占比最高,达85%,服务不当、排队问题、转账限额等成为诱发投诉的主要原因。分支行是农商银行声誉风险的主要来源,但目前分支行声誉风险管理现状令人担忧,对声誉风险管理认识上存在误区,声誉风险管理手段也比较薄弱。

一、分支行声誉风险的来源

做好分支行声誉风险防范,必须清晰认识到声誉风险的来源。分支行是基层一线网点,与客户直接打交道,给客户提供直接服务。纵观各类投诉,分支行声誉风险主要来源于三个方面。一是接待的客户层次差异较大。因年龄、知识层次、个人素质及对银行产品、服务了解程度等的差异,不同客户会对银行网点提供的服务和产品的认知存在着不同。有些客户一旦达不到自身的期望,就会提出一些无理要求,从而引发投诉。二是柜面人员的服务态度。柜面人员的素质、处理问题的方式等存在差异，导致服务水平也存在差异。同样面对客户提出的无理诉求，处理方式不同结果也会不同，俗话说："一句话说人跳，一句话说人笑。"三是它是客户表达诉求的主要场所。客户无论是通过银行柜面还是线上渠道办理业务，一旦认为银行产品存在问题，多数会第一时间前往网点表达自身诉求，自身诉求不能满足后，将会进行投诉。

二、分支行声誉风险的特点

分支行直接面对客户，所引发的声誉风险与总行的存在差异，有其自身的特点。一是分支行层级与总行层级的声誉风险来源不同。总行的声誉风险主要来源于自身公布的业绩数据、高管更换、受到的监管处罚、收到的涉诉信息等；分支行声誉风险主要来源于柜面服务不佳引发投诉、客户经理违规办理贷款、客户购买的产品出现损失等。二是分支行层级的声誉风险的引因比总行层级小。分支行的声誉风险基本上是因为柜面服务不到位或未及时有效处理造成的，不像总行层级的声誉风险的引因一般比较大，多数为系统性的事件引发的声誉风险。三是分支行层级的声誉风险处理能力比总行弱。总行层级有专门部门及专门人员负责声誉风险的检测及处理，而分支行层级一般忙于业务，对于声誉风险的监测及处理能力比较弱，在思想上也不够重视，认为声誉风险一般不会发生，即使网点发生声誉风险，总行也具有处理能力。因分支行没有设置处理声誉风险的专门部门及专门人员，对待突然发生的舆情事件，在迎前处理方法及处理技巧上显得比较薄弱。

三、分支行声誉风险防范措施

目前，分支行在声誉风险防范意识及能力上处于比较薄弱的状态，往往不能快速高效地应对和处理声誉风险。做好分支行声誉风险防范，对于整个银行的声誉风险防范起到重要作用。因此，要在分支行声誉风险防范意识、防范流程、考核机制及培训教育等方面下功夫，这样才能及时有效地防范声誉风险。

一是提高声誉风险防范意识。 思想上是否足够重视直接影响到声誉风险能否防范及有效地迎前处置。很多网点负责人将主要精力放在业务营销上，忽视了声誉风险防范工作，甚至连声誉风险的处置流程都不熟悉。因此，网点负责人、柜面人员及条线管理人员，都要认真学习声誉风险相关制度规定及处置流程、处置技巧等，充分认识到声誉风险防范的重要性和产生声誉风险的后果，从思想上增强声誉风险防范意识，切记不能在声誉风险防范上掉以轻心。

二是完善声誉风险防范流程。 分支行要按照总行声誉风险防范相关规定及制度流程，建立自己的声誉风险防范规定及制度流程，明确分支行条线管理岗及分支行行长、内勤主管、客户经理、理财经理、柜员等岗位的职责，在发生舆情事件后，要清楚汇报流程及初步采取的处置措施等，防止因不懂流程而造成混乱，从而贻误了处置时机，造成后果损失扩大。

三是加强声誉风险培训教育。 分支行声誉风险主要来源于柜面服务不佳引发的投诉、客户经理违规办理贷款、客户购买的产品出现损失等。针对不同岗位的员工，要加强相关岗位的声誉风险培训，提升声誉风险防范及处置能力。要加强对相关岗位服务知识的培训，提升各岗位的专业知识及服务能力，避免因岗位能力问题引起客户不满导致投诉，从而产生声誉风险；要结合服务问题、产品问题、投诉问题等场景进行培训，让相关岗位知晓并熟悉声誉风险的汇报处置流程，避免因流程不熟而耽误处置时间。

四是加大声誉风险考核力度。 将声誉风险纳入分支行经营管理目标考核，用考核"指挥棒"督促分支行引起重视。否则，虽然总行反复强调，但分支行可能仍会处于敷衍状态，声誉风险管理工作流于形式，得不到分支行的重视。此外，要将声誉风险防范与分支行行长、各相关岗位的"帽子"挂钩，实行一票否决制，一旦发生较大的声誉风险事件，就取消各类评奖评优；造成严重影响的，甚至可以调整相关人员的岗位。

第五节
安全风险防控要点

安全风险是安全事故（事件）发生的可能性及其后果的严重性的组合。国家每时每刻都在反复强调安全生产的重要性，要求时刻绷紧安全这根弦，确保万无一失。分支行也是如此，开门每一天，都面临着如何确保安全，有效防范安全风险的问题。但是，很多分支行行长表面重视安全工作，每年都与上级行签订安全责任状，但事实上并没有落实相应的具体措施，安全隐患到处存在，主要原因在于思想上不够重视，认为分支行网点装修"高大上"、监控及安保设备先进，发生安全风险事件的概率几乎没有。对于安全保卫工作常常是"睁一只眼闭一只眼"，认为如果管多了反而会引起员工反感。事实并非如此，分支行的安全隐患到处存在，比如，员工下班后是否及时关闭电脑、空调等设备，员工是否私自使用自己购买的电器，以及厨房设备是否安全，营业场所安全设备是否有效，是否按照要求寄送库包，营业大厅设备是否安全等因素都有可能引发安全事件。这些安全隐患的存在，每时每刻都要求分支行要高度重视安全工作，及时消除安全隐患。安全风险离我们并不远，始终潜伏在我们工作的每个细节中，只有做好安全保卫规定动作，才能有效防范安全风险。

一是强化安全风险意识。安全风险就在身边，而不是离我们很远。作为安全生产第一责任人的分支行行长，必须高度重视安全保卫工作，从思想意识上要充分认识安全保卫工作的重要性和严肃性，并通过大小会、日常管理要求等反复强调安全风险防范工作的重要性，促使全员引起重视，从心底认真看待安全保卫工作，形成"安全生产，人人有责"的氛围。

二是安全责任压实到位。逐级签订安防目标责任书，构建横向到边、纵向到底、群防群治的安防责任体系，明确各岗位的安防责任，形成"上下合力，齐抓共管"的良好局面。同时，将安防工作纳入经营管理目标考核,加大安防考核力度,对于发生安防事故的,视情况予以取消评先评优乃至一票否决。

三是安全教育培训到位。加强安全教育培训,督促全员形成良好的安全意识。利用晨夕会组织全员常态化学习安全规章制度及安防规范知识,让全员养成学习安全制度、执行安全制度以及遵守安全制度的良好习惯,提升全员制度执行力;以安全生产月等教育活动为契机,在全行大力宣传应急救援等安全生产知识,切实有效地提升全员的防范意识、安全技能和处置突发事件能力,筑牢安全生产防线;定期开展安全生产知识培训、警示教育、以案说法,研究剖析典型案例,做到举一反三。邀请消防部门开展消防应急演练,提升全员应急处置能力和水平,全面实现以"要我安全"到"我要安全"再到"我会安全"的转变。

四是安全隐患检查到位。通过安全隐患检查,及时发现隐患,及时消灭隐患,督促全员养成良好的安全意识。利用监控或突击检查,检查员工的日常安全行为,如每周通过监控检查员工下班后电脑、空调有无关闭,有无使用自己购买的电器,以及食堂设备是否安全等,发现不规范行为后及时通报,并通过被通报者发红包等形式倒逼员工养成良好习惯。按月定期或不定期开展消防设备检查,确保灭火器、消防栓等消防设备处于正常状态。及时检查网点日常巡查日志登记情况、接送库包流程规范情况等。检查的主要目的在于督促员工养成良好的安全意识,确保所有安全保卫规定动作执行到位。

"安全生产,警钟长鸣。"抓好安全保卫工作,消灭安全隐患不是一朝一夕之事,需要常抓不懈,压实安全保卫责任,多措并举开展安全保卫培训和安全保卫检查工作,加大通报及处罚力度,及时纠差纠偏,促使全员形成良好的安全意识,养成良好的安全习惯,这样才能从根本上减少安全事件发生,确保分支行安全稳健可持续发展。

第六节

案件防控防控要点

《银行保险机构涉刑案件风险防控管理办法》第三条规定："银行保险机构案件风险防控的目标是健全案件风险防控组织架构,完善制度机制,全面加强内部控制和从业人员行为管理,不断提高案件风险防控水平,坚决有效预防违法犯罪。"案件防控遵循"预防为主、关口前移,全面覆盖、突出重点,法人主责、分级负责,联防联控、各司其职,属地监管、融入日常"。防范案件风险是一项长期性、艰巨性、全局性的工程,做好此项工作任重而道远,其对防范经营风险、提升案件防控能力、实现银行稳中求进及高质量发展具有重要意义。分支行是案件高发机构,必须按照总行案件防控要求,认真分析案件发生原因,抓实抓细案件防控工作,确保不发生案件风险。

一、案件风险发生的原因

案件风险的发生会对银行的正常经营管理产生重大不利影响,不仅会对银行的声誉产生伤害、经济造成损失,而且也会对个人产生影响,直接责任人涉嫌违法犯罪的,作为管理责任人的分支行行长将会被免职,甚至高管层都会受到牵连,被追责问责。虽然银行各层级对案件防控工作都非常重视,日日抓、年年抓、反复抓,设置了有效的三道防线、制定了完善的规章制度,但案件风险依然还会发生。分析原因,主要在于案件防控流于形式,规定动作执行不到位,在思想认识、内控管理、监督监督检查及培训教育等方面存在问题,导致案件风险没有得到有效防控。

一是思想认识不到位。 总行高度重视案件防控工作,大会小会都会反复强调案件防控重要性,甚至会召开全行警示教育大会,主要目的在于提高全员思想意识,做好案件防控工作,有效遏制案件风险发生。但是,现实中"上面喊破嗓、下面继续躺"的现象比较严重，分支行对案件防控工作重视程度不够，认为自身的重心在于业务营销工作，核心在于完成各项业绩指标，案件风险发生概率很小，所以没有必要花费时间或者没有时间做案件防控工作。针对总行下发的案件防控工作方案，分支行仅仅停留在完成各项规定动作上，以敷衍的态度了事，不考虑防控效果，这样容易造成案件风险发生。

二是内控管理不到位。一方面，原有的业务制度存在未能有效识别案件风险的情形。按照银行"内控优先，制度先行"的合规管理理念，在开展一项业务之前，前台部门会制定相关制度，设计相关业务流程，明确各条线部门的职责和责任，但是部分业务流程设计得比较粗糙，未能充分有效识别和评估风险，特别在产品、流程等重点管理维度，专业分析不够深入透彻，未能发现潜在的案件风险隐患，形成管理盲区或控制缺陷，为基层部分图谋不轨人员作案提供机会。另一方面，新业务存在内控管理未及时到位的情形。新业务出现后，相关条线部门反应缓慢甚至出现部门之间扯皮推诿的现象，对新业务内控管理不及时，导致案件风险发生。

三是监督检查不到位。银行设置了三道防线，明确了各道防线的职责和责任，同时也制定了多个规章制度，甚至超过千个，目的在于多重保障、把关、防范各类风险。但再好的制度只要执行不到位，也就相当于一张白纸，制度规定的内容也只是空谈一场。虽然三道防线每年均制订各类检查稽核计划，但从现实中的很多案例来看，很多检查工作流于形式，敷衍了事，并未能真正有效揭示各类风险，多数检查发现的问题也是些鸡毛蒜皮的小问题。目前，从银行公布的部分案件来看，很多案件的作案行为长达数年之久，在案件发生期间，多个部门单独或联合开展过各类检查工作，但并未发现或真正发现案件风险。

四是培训教育不到位。内控管理及监督检查的目的在于有效堵住案件风险的发生，解决员工"不敢为"的情况。但如何解决员工"不想为、不愿为"的情况，就必须要开展培训教育，真正让案件防控意识入脑入心。

虽然现今部门条线及分支行定期或不定期都会组织开展一些案件防控工作培训，提升员工案件防控技能及意识，但很多教育培训流于形式，达不到预期效果，培训次数多了，还引起员工反感和抵触。培训形式拘泥于传统的说教式，并未根据现实情况予以创新；更多关注培训任务，而不是关注培训效果。

二、案件防控主要的举措

"案件防控，人人有责。"案件防控关键在人，案件防控关键也在防人。结合案件风险发生的原因，分支行必须在"人"上下功夫，围绕"一图、一表、一单"，明责任、抓举措、严问责，深入贯彻人防、技防、机制防及文化防"四位一体"的案防长效机制，深化案防文化建设，狠抓员工行为管控，根治屡查屡犯顽疾，加大违规追责力度，筑牢案件防控堤坝。

1. 绘制案件风险责任图，紧抓案防主体责任

绘制《案件风险防范责任图》，贯彻落实"网定格、格定人、人定责"，真正把责任落下去、担起来。一是抓牢主体责任，当好员工。要全员敬畏制度、强化执行，提升合规的主观能动性，人人签订案防承诺书，明禁区、划底线，做到全体管自我。二是抓牢管理责任，当好干部。各层级机构案防第一责任人逐级签订案防军令状，"看好自己的门，管好自己的人"，做到干部带员工。三是抓牢监督责任，当好同事。深入落实"案件风险保证人"制度，动态跟踪保证关系，从业务、财务、廉政等方面监督制衡，自觉抵制违规违纪，敢于讲真话、讲实话，做到员工互相监督。

2. 制定案件防控动作表，狠抓案防规定动作

制定《案件防控规定动作表》，盯"人防"、强"技防"、重"机制防"、抓"文化防"，列清单、抓重点，紧盯员工异常行为，做好管理，挂图作战，真正将规定动作做到位、出实效。

（1）盯"人防"，深排异常人员。一是严查外围异常信息。用好新版

征信系统，工作人员自行打印新版个人征信报告，各机构案防第一责任人结合外围数据 APP、网站，以姓名、电话等多重方法深入核查，应查未查、应发现未发现的从严问责。探索智能风控模式，推进大数据风控体系建设，探索智能化风险管控模式，力求用外部数据平台全力驱动员工异常行为管理。二是严控规定动作执行。家属联动实现"全管理"。按照"一级抓一级，年终全覆盖"的原则，通过实地家访，捎去"三个一"（一封信、一张单、一份心），带回"三个一"（一张照片、一个回执、一份情谊），与员工、家属"谈工作、聊生活、提建议"，充分发挥家属的"贤内助"作用。考核通报督办"严执行"。规范执行标准，定期通过非现场检查发现员工异常行为排查、案防工作会议、员工谈心谈话等规定任务未执行、延迟执行或流于形式的，实行分析通报常态化，并纳入考核评价。三是严排案件风险隐患。强化异常行为排查。从民间借贷、担保涉诉、充当资金掮客、经商办企业、过度消费负债、频繁请假、非正常在编不在岗、党风廉政等方面加大对异常行为的排查力度。推进屡查屡犯整治。聚焦近三年屡查屡犯、前查后犯、此查彼犯等顽疾，从发生频次、机构覆盖面、人员覆盖面和风险等级四个维度，梳理信贷、运营条线"屡查屡犯"行为清单，通过编制手册、辅导培训、自查检查，深入落实"自查从轻、他查按规定办、屡查屡犯从重"。同时，实施重点排查巡查。以内控薄弱环节、违规高发机构、人员、业务领域、内外部举报为排查重点，多样化实施"四不固定"飞行检查、"纪检合规"巡查等。

（2）强"技防"，严查苗头隐患。一是实现检查全流程管理。统筹管理内外部检查，制定内部检查管理办法，规范检查立项、实施、整改、问责、归档，全流程纳入系统管控，实现"检查必先立项，立项必严执行，执行必究问题，问题必整改，失职必问责"的良性循环。配套建立考核督办机制，将条线部室检查履职、问题发现、整改效果、问责情况、系统录入等工作质效纳入条线部室合规考核与达标评价。强化检查结果运用。充分发挥内外部检查发现问题的警示作用,将问题汇编成册、印发全行,力促屡查屡犯、屡罚屡犯下降。二是实现合同全生命周期管理。强化格式合同管理,结合业务实际,将重要、常用合同经条线部室初审、合规、法务严格审查后,应纳尽纳入系统格式合同库管理,实现在线编辑、水印输出、一键打印。强化非制式合同管理,对库外合同,从发起、审查、审批、修订、盖章、归档、入库等节点,实行系统全流程管理,最大限度地降低和防范操作风险、法律风险。三是实现疑点数据全方位监控。优化疑点数据监测模型。在内容上,对原有模型进行再梳理,结合案防重点与近年发现的严重违规进行补充完善;在功能上,实现模型逻辑及阈值的动态调整,力求实现"疑点数据必被监测、监测数据必为疑点"的精准匹配;在流程上,强化"T+1"监测预警、分派核查、跟踪整改的时效性,充分发挥条线部室的监督管理作用。高效整合管理工具。将操作风险关键指标、损失数据收集、授权管理、廉洁风险排查等管理工具纳入系统,实现全方位整合,提升日常工作执行与督查督办质效。

(3) 重"机制防",强化激励约束。一是用好"零违规"激励机制。完善评价标准,丰富评价内容,创新评价形式,强化结果运用。同时,表彰"零违规"个人及机构,选取重要岗位典型代表开展经验分享与心得交流,以点带面,以先进典型引领身边人。二是优化合规积分机制。实施合规积分全视角管理,丰富合规积分范畴,严管屡查屡犯,优化违规记分销分标准,进一步强化合规积分结果运用,切实做到"一人一积分,积分护一生"。创建"员工合规档案",整合员工基本信息、违规记分、合规积分、征信、涉诉、奖惩考核等信息,对员工进行合规"画像",实现"一人一档,报告展示"的全貌管理。三是抓牢案防评估机制。案防考核要强化。动态评估案防工作开展情况,将案防规定动作、疑点数据核查、异常人员跟踪处置推进等纳入考核,实现考核进度到月、考核结果差异化。创新动作要推广,对基层主动采取的切实有效的案防新方法、新举措予以评选、奖励、推广,激发管理创新的积极性。

(4) 抓"文化防",提升思想意识。深化制度执行,严守制度底线,使合规文化入脑入心,全面营造"时时合规,处处合规"的文化氛围,深入推进案防工作举措落地有声。一是坚持公正公开。持续推进责任认定委员会职工评议机制,增强问责透明度、员工参与度和警示教育效果。创新不良贷款公开分析机制,精准返检不良贷款形成原因,明确界定管理责任,提升不良贷款处置效能。二是持续警示学习。全方位以案代训。将专职合规人员"案例剖析"与违规事件当事人"现身说法"有机结合,开办"合规说"流动大讲堂,说屡查屡犯、道屡罚屡犯,以身边事警示身边人。针对性以考促学。探索全员线上考试与抽样集中考试相结合的模式,聚焦违规处罚记分次数较多、在线考试排名靠后、行为异动、关键岗位的人员,有效提升制度学习与考试效果。同时,多样化以赛验效。丰富案防主题竞赛活动,深度营造"学制度、守规章、知敬畏、比合规"的合规氛围。

3. 列案件防控负面清单,严抓违规问责

列出案件防控负面清单,以"严管、严查、严罚"为重心,加大对有违规违纪行为的有关人员的责任追究力度,形成有效的案件防控长久震慑力。

(1) 问责机制再优化。完善违规问责办法。三道防线共同完善处罚标准,科学优化积分应用方法和问责流程,使其成为"依规治行"的核心标尺制度。优化不良问责机制。细化五级责任类型,实施不良资产责任认定、再次处罚和离职扣减三重问责方式,将不良资产余户数与信贷从业资格挂钩,明确严重失职"十项标准",严把不良核销问责关。

(2) 问责处理再从严。盯内部检查。坚持"三铁三见",全行各层各类检查均要做到"现场检查铁面无私、调查取证铁证如山、处罚问责铁案不翻""见人、见钱、见整改"。盯问责处置。对于触犯"十禁"、触碰案件高发领域警戒线、造成监管处罚的违规行为,对责任人"从严、从重、从快、顶格"处理,严肃执行"上追两级""四线问责",发现存在骗取贷款、违法发放贷款等犯罪情节的，一律向公安经侦和纪委监委移送，一查到底，绝不姑息纵容，为全行业务发展、全员家庭幸福划出红线、亮明底线、画清安全线，确保全行上下形成对全面从严治党治行的价值认同和行为坚守。

第六章

围绕效益如何提升，找准途径增效益

随着利率市场化进程的加速及商业银行同质化竞争日趋激烈,农商银行营业收入增长面临着多重压力,特别是随着国有大行下沉经营越来越深,农商银行经营市场受到的冲击越来越大,为留住老客户和挖掘新客户,存量优质客户的贷款定价被迫大幅度下降,新增客户贷款定价却难以提升。营业收入是农商银行生存和发展的生命线,是自身利润创造、补充内生资本的源头。如何提升贷款定价收益,减少存款利息支出,有效控制成本,推动营业收入稳健可持续增长,是目前农商银行不得不面对和亟须解决的问题。分支行是农商银行组织架构中的重要组成部分,其业务经营收入是农商银行营业收入的主要来源,分支行营销人员的定价意识及定价策略直接影响到农商银行营业收入。因此,分支行要认清现有银行收益形势,加强存贷款精细化管理,改变营销人员传统的定价思维,培养定价意识,规范定价行为,培训定价策略,强化收益考核,这样才能有效控制农商银行收益大幅度下降乃至增加收入。

第一节

分支行效益管理主要问题

据《中华合作时报》统计分析,近三年农商银行净息差一直呈下降态势,从2021年的2.26%降到2022年的2.07%再到2023年三季度末的1.89%,而1.8%普遍被视为银行保持合理利润的净息差参考线。此外,非息收入对营业收入贡献占比也在不断下降。手续费收入占比逐年下降,

2015—2016年银行非息收入占比较高,达23%以上,随后逐年下降,直至2022年下降至18.80%。同时,从严峻复杂的宏观经济形势来看,当前经济虽然处于恢复状态,但是增长的基础仍不牢靠,微观层面上的企业经营依然面临着一定困难。随着国有大行经营下沉越来越深,其利用定价优势撬动农商银行优质客户的行为越来越明显,相互竞争倒逼农商行在定价上大幅度下降。上述的定价趋势、宏观经济形势及同业竞争激烈因素等成为农商银行分支机构利率定价下降的客观原因,但是不可否认的是,受传统定价思维的影响,特别是农商银行经营的小微客户一般不具备很强的议价能力,加上对营销人员定价考核不到位,导致营销人员定价意识薄弱,缺乏有效的定价策略,面对同业价格竞争束手无策,为了挽留信贷客户,被迫申请调低利率,降低了整体的收益;同时迫于存款压力,高息揽储的现象普遍存在,增加了成本支出。

一是定价意识薄弱。 受传统业务思维及小微企业这一客户结构的影响,分支行营销人员对定价缺乏正确的认识,主动议价意识薄弱。有的营销人员甚至出现认识偏差,认为定价是总行的事情,与自己关系不大;有的营销人员认为定价是一件得罪客户的事情,会影响后续与客户之间的关系;有的营销人员认为给客户贷款价格降几个基点对行里没有太大的影响。营销人员定价意识薄弱的主要原因在于:国有大行未下沉前,小微企业的主要贷款银行就是农商银行,农商银行基本处于独家经营独家垄断状态,小微企业议价能力较弱,在不违反原则情况下,贷款定价管理较少,基本上由营销人员说了算;定价考核不到位,造成营销人员对定价没有太多认识,认为定价高低对其考核和绩效没有太大影响。

二是议价能力较弱。 面对激烈的同业竞争及强势的信贷客户,分支行营销人员的议价能力整体表现较弱,缺乏话语权,经常被客户牵着鼻子走,客户认为价格是多少就是多少,主要原因在于:营销客户的能力较弱,获客渠道单一,获客数量有限,面对考核指标,非常在意现有客户,害怕因价格原因导致现有客户丢失,影响到自身业务指标的完成;平时在定价上思考较少，缺乏有效的谈判能力，理不清自身的优势，同时也抓不住客户的短板。例如，某客户现金流较紧，其他银行定价的确比较低，但是贷款期限只有一年，贷款到期后转贷成本较高。针对这种情况，可以利用贷款期限优势，一次性向其发放三年期贷款，从而提高贷款定价，获取更多收益；再比如，其他银行对信用贷款审批难度较大，可以利用信用贷款审批优势，提高贷款利率。在贷款定价时，要厘清自身优势及客户劣势，增强议价能力，进而提升收益。

三是定价管理粗放。目前的定价管理较为粗放，主要表现在相关条线部门针对市场定价变化的敏感程度不够，不能准确判断定价情况，同时对价格优惠的弥补收益返检不及时，造成收益降低。具体表现在：不能准确把握市场定价行情，公布的指导价格比较随意，有的价格比市场低，有的价格比市场高，掌握不到准确的市场价格，完全凭感觉公布指导价格，完全相信客户说的他行定价情况，被客户牵着鼻子走，造成收益降低；降价弥补收益返检不到位，系统化管理比较弱，造成因价格优惠的弥补收益不能及时返检，收益不能及时补充到位造成损失。比如说，发放贷款时，营销人员提出贷款价格优惠，客户承诺用购买贵金属或者保险产生的中收或者现金流形成的活期存款弥补降价带来的损失，但如不及时返检弥补收益有无到位，可能造成贷款发放后，客户配合程度低或者不配合，而营销人员因前期承诺并无后果或者惩罚措施，导致其认为定价审批只是一个形式。

四是定价考核失效。目前，分支行的营销人员普遍存在"重规模、轻收益"的现象，其原因主要是对于营销人员的定价考核存在问题，并未能有效引起营销人员对收益指标的高度重视。在营销人员经营目标考核中，效益类指标考核分数占比往往不高，而规模类指标考核分数占比远远超过效益类考核指标的分数，导致营销人员在两者选其一时必然选择规模类指标。由于考核上不能有效引导或制约营销人员优先考虑贷款定价问题，因此在面对同业竞争压力加大，特别是获客难度加大时，营销人员优先考虑的是贷款规模增长问题，而不是考虑贷款价格问题。有的营销人员认为贷款规模完成不了涉及"帽子"问题，而效益类指标完成不了，只不过是少拿点绩效，损失点"票子"。

五是高息揽储普遍。 迫于存款指标压力，营销人员通常会通过走捷径的方式完成存款任务指标。高息揽储现象非常普遍，比如结构性存款、三年和五年期限的定期存款等产品，通过高价格优势比较容易获得，但是成本非常高，增加了利息成本的支出。而一些低成本的活期存款，一般情况下营销难度较大，营销人员不愿意过多营销，认为利息成本支出的多少与其关系不大，更多关注对其影响较大的存款任务指标。高息存款与低息存款均可帮助营销人员完成存款任务指标，因此在常规思维下，营销人员必然会选择营销难度较小的高息存款。

第二节

分支行做实收益的管理措施

息差收窄导致薄利低利成为银行的普遍现象，这也成为农商银行绕不开的一道坎。如何保住农商银行的息差生命线，这是各农商银行不得不面对及思考的现实问题。分支行作为最接近市场的机构，在经营管理过程中，也不得不面对息差收窄、收益降低的现实，同时也不得不采取措施做实收益管理，实现稳健可持续发展。迎战息差，保持息差生命线是一个系统性工程，需统筹规划、整体发力、上下配合才能取得成效。分支行需要在资产端、负债端和管理端上采取有效措施，做实收益管理，既要做到"开源"，也要做到"节流"，更要做到精细化管理。在资产端要做"加法"，在做大资产规模的同时，要提升收益，确保利息收入可持续增长；在负债端要做"减法"，推动负债结构有效调整，严控高成本存款规模，增加低成本存款占比，确保负债总成本下降；在管理端要挖"潜能"，实现精细化管理，节约各项成本及开支，提高人均产能，达到降本增效的效果。

一、资产端做"加法"，有效提升收益

资产端是分支行营业收入主要来源之一。要在资产端做"加法"，实现有效"开源"，加大贷款规模投放，优化信贷投放结构，加强价格管理，提升议价能力，拓展非息收入，强化收益考核，改变定价思维，提升定价意识，从而有效提升收益。

一是加大信贷投放。信贷投放所产生的利息收入是分支行营业收入的主要来源之一，只有加大信贷投放，才能有效增加营业收入。现今国有大行下沉经营越来越深，分支行原有的市场被逐步挤占，原有的存量客户收益也被倒逼逐步下降，新增客户收益难以抬升，加上国家经济结构转型，企业对信贷的需求严重萎缩，导致信贷投放变得愈加困难。信贷资源充裕，但难以形成有效投放，更难以转化成收益。分支行要采取有效措施加大信贷投放，在资产端做"加法"，提升信贷收益。要打通获客渠道，实现增户扩面。正如前文所阐述的，要加大与商会、乡镇、产业园区的合作，打通获客渠道；同时要梳理上下游，加强与存量客户的合作；扎根网点本土，做实网格工作；加强陌生拜访，培养获客能力等。要坚持"以客户为中心"，根据目前的形势调整信贷政策，制定综合营销服务方案，推出优势品牌产品，真正为客户解决问题，从而有效吸引客户。

二是优化信贷结构。分支行在加大信贷投放的同时，要充分优化信贷结构，持续加大经营下沉力度，实现与他行的差异化经营，有效提升收益。要优化担保方式，提升收益，充分发挥农商银行审批灵活的优势，在做好尽职调查确保风险可控的基础上，通过优化担保的方式给予信用贷款额度，从而提高议价能力，提升贷款收益。要对目标客户进行错位经营，提高经营收益。认真调研市场上各银行的信贷政策和产品优势，结合自身的优势，继续加大下沉力度，调整目标客户群体，与其他银行特别是国有

大行，开展差异化错位经营。同时，充分运用信贷投放政策工具，加大人民银行贴息类信贷产品的投放，获取政策补贴，从而增加整体收益。比如说，加大1 000万元以下的普惠小微企业贷款的投放，获取更多的收益补贴。

三是加强定价管理。既要改变原有定价的粗放式管理模式，又要提升营销人员的议价能力，更要优化定价考核模式，倒逼营销人员重视定价、敢于定价、有能力定价。要定期开展市场调研，及时调整贷款产品指导价格，确保定价与市场保持一致，让营销人员在与客户议价时做到心中有数。同时，规范营销人员的定价行为，所有定价必须要按照定价要求开展，不可以随意定价，对于营销人员提交的优惠价格，要严格审查，确保申请优惠定价的理由充分有效。对于确实需要价格优惠的，要求营销人员提供价格优惠的弥补措施，确保让价不让利。对于提交的弥补措施，必须要在规定时间进行返检，确保弥补措施及时到位。加大定价培训力度，提升营销人员的议价能力。定价、议价能力不是一朝一夕形成的，是在不断地学习培训、与客户反复地定价博弈过程中锻炼出来的。所以，必须要加大营销人员的定价培训力度，提升与客户议价的谈判能力，也要优化定价考核模式，将贷款投放收益与营销人员的绩效工资、营销费用挂钩，督促纠正"重规模、轻收益"的想法。

四是拓展非息收入。非息收入主要是指不消耗资本且不承担风险的表外业务，包括管理费、手续费以及顾问费等。这些非息收入在目前息差收窄的情况下可以有效弥补利息收入的不足，成为银行营业收入的重要来源之一。分支行可以利用自身的网点、渠道、地域人缘优势及客户资源优势等，加大开展保险、信托、贵金属、理财等代销业务的力度，增加中间业务收入。开展财富类指标的全员营销工作，利用不同岗位的资源优势，在全行开展财富类指标的营销工作，营造"千斤重担人人挑，人人头上有指标"的氛围，增加中间业务收入；成立专营的财富团队，提升财富专营能力及水平，通过丰富多彩的财富沙龙活动、一对一的财富规划、中高端客户的专享礼遇等形式,营销高净值客户,提高财富类产品的销售量,扩大中间业务收入的来源。

二、负债端做"减法",严格控制成本

负债端是分支行主要的成本支出。分支行在负债端必须做"减法",必须有效推动负债结构调整,降低高成本存款,增加低成本存款,加大考核力度,推进存款结构转型,降低总存款付息成本。

一是分析调整负债结构。 对现有的负债结构进行深入分析,分析各类负债结构是否合理,如短期高息存款及三年期以上的高息存款占比是否过高,确定负债结构调整目标,为后续有效调整负债结构奠定基础。同时,让营销人员做到心中有数,也为分支行制定存款营销目标提供依据。一方面按年开展分支行负债结构整体分析,确定年度负债结构目标及任务;按月或者按季开展负债结构调整目标的返检,推进负债结构调整有序进行;另一方面确定营销人员名下的负债结构的调整目标和任务,按月通报完成情况,及时采取措施督促完成调整结构目标,让营销人员做到心中有数。

二是对标同业调整定价。 根据网点周边同业市场的定价情况,及时调整分支行网点对公及储蓄存款价格,严禁一浮到顶或者不计成本定价。例如,网点周边某银行个人三年期储蓄存款年利率为3%,分支行原个人三年期储蓄存款年利率为3.2%,对标网点周边同业定价情况后,必须及时调整下浮个人三年期储蓄存款价格,可以将价格调整为3.05%,这样既比周边同业定价有优势,增加了产品竞争力,同时又可以减少存款成本支出。

三是拓展对公结算开户。 树立"做存款就是做客户,做客户就是做账户"的理念,大力拓展对公账户开户,这样可以有效增加活期存款留存,特别是营销新注册企业的基本账户及主要结算账户等。出台账户开户的优惠政策,如开户免收开户费用等,吸引企业前往开户以及将他行账户转移至自己银行,后续通过转账手续费减免等方式,吸引客户利用银行账户开

展资金结算，从而有效留存活期存款。在全行开展对公结算户开户竞赛活动，推动营销人员寻找机会广开户、多开户、开好户，不断增加账户数量，增加资金结算量。此外，大力宣传银行开发的结算平台及结算系统优势，通过增值服务吸引客户开户及进行资金结算。

四是抓实结算回笼资金。抓实信贷客户的结算回笼资金，可以有效提升活期存款占比，降低付息成本。营销人员在信贷资金投放后，一般会忽视结算资金回笼，也就形成通常所说的"裸贷"。所以，在信贷资金投放后要抓实客户的结算资金，确保资金回笼到位。在授信业务审批时，可以设置相关的结算资金回笼条件，作为贷款投放的贷后条件，督促营销人员抓实结算资金。在定价审批时，要将结算资金回笼作为审批条件，如后续达不到条件的，将在贷款续贷时提高贷款定价。同时，开展公私联动，为信贷客户提供综合服务，通过员工工资代发、个人财富产品配套等方式，增加个人活期存款。

五是抓实保证金存款。保证金存款的价格一般比活期存款价格稍高，但比定期存款价格要低。利用银行承兑汇票或保函等信贷产品，抓实保证金存款，以有效降低存款成本。一方面加强与生产制造型企业合作，充分利用其对银行承兑汇票的真实结算需求，给予一定的敞口授信，配比部分保证金，或开立全额保证金银行承兑汇票，这样可以有效增加存款规模，同时降低存款成本支出；另一方面加强对保函需求较高的工程类企业的合作，给予一定的敞口授信，开立履约保函、投标保函及质量保函等，并配比部分保证金，或开立全额保证金保函，在增加存款规模的同时降低存款成本支出。

六是加大存款付息考核。分支行在对营销人员进行经营目标考核时，必须将存款付息率纳入考核，并加大考核权重，倒逼营销人员积极拓展低价存款，而不是优先完成存款规模，忽视存款成本，以考核抑制高息揽储现象。根据营销人员的存款结构及付息率情况，确定年度存款付息率考核目标和任务，未能完成序时进度的，将暂停其进行高价存款营销；同时，将存款付息率与营销人员绩效考核、营销计价挂钩，改变传统的存款营销模式和方式，倒逼其积极营销低价存款，从而降低存款成本。

三、管理端挖"潜能"，实现降本增效

在银行息差收窄、薄利低收益的环境下，要坚持"节约也是创收""有限成本投入获得最大产出"的经营理念，要在管理端深挖"潜能"，实施精细化管理，合理控制费用，控制人力成本，提高人均产能，开展奖罚考核，养成勤俭节约的意识和习惯，从而有效实现降本增效的目标。

一是合理控制费用。坚持"勤俭节约、量入而出"的原则，积极引导干部员工树立"节约也是创收"的经营理念，在管理端深挖"潜能"，通过总量控制、严格审批等方式，降低运营成本。一方面减少开门费用支出。有效评估开门必要支出，压降不必要的支出，有效节约成本。比如，办公场所绿植租赁费用比购买费用要高，可以改变以往的租赁形式，转变为按需购买；严控水电费的额度，在合理范围内，倒逼网点节约水电。另一方面，控制营销费用支出。核定的营销费用支出必须与业绩挂钩，评估营销费用支出带来的效果，严格控制无任何效果的营销费用支出，例如合作单位的赞助费用。此外，控制宣传费用。改变以往媒体广告等高成本的宣传方式，转为通过社区公益等低成本的宣传方式开展宣传活动，大大降低宣传费用。媒体广告起步价基本在1万元以上，而在社区开展公益活动的成本每次仅几百元，既做好了宣传又节约了费用。

二是控制人力成本。严格控制人力成本，减少不必要的人力成本支出。根据业务量及岗位要求配备客户经理及柜员、办事员等人员的数量，对于业务量少的网点，必须控制人员数量，后续可以随着业务量的提升再配备人员，避免人均业务量低，造成人力资源浪费。严格控制外部人员数量。分支行的信贷岗位及营业大厅一般会配备信贷辅助岗和大堂副理，应合理评估大厅人流量及信贷岗位的业务量，并根据大厅人流量及业务量大小配备大堂副理及信贷辅助岗等外包人员的需求和数量，严控大厅人流量

及业务量较小的网点外部人员配备，有效控制人力成本。同时，合理评估网点的物业人员工作量，适当压减物业外包人员数量，减少人力成本。

三是提高人均产能。坚持"有限成本投入获得最大产出"的原则，加大对现有员工的培训和赋能，提高人均产能，实现增效目标。一方面加大人员培训力度，提升自身能力。培养"一专多能"的中后台员工，除在专业上开展深度培训外，还要让其知晓其他岗位知识，提高员工综合素质，实现一人多岗；开展营销人员能力提升培训，提升独立营销能力，逐步提高个人产能。另一方面，按照"多劳多得，少劳少得，不劳不得"的原则，开展绩效考核分配，推动低产能营销人员尽快提高工作效能，并适时开展产能不达标人员的评价退出机制，及时淘汰低产能人员，重新选拔有能力、有干劲的营销人员，逐步提高人均产能，在人员数量不变的情况下，增加总产能。

四是开展奖罚考核。在降本增效上，要通过有效的奖罚考核倒逼全员及机构增强成本意识、养成良好习惯。降本上，参照年初订立的费用控制目标，如年终达到控制目标的，将从节约的费用中拿出部分奖励机构或个人；但对于达不到年初目标的，未达标部分或超出部分的费用将从其绩效中予以扣除。增效上，将网点产能、人均产能与网点考核的绩效费用及网点负责人、营销人员岗位挂钩，规定期限内达不到目标的，予以调整岗位，倒逼网点负责人及营销人员及时提高网点及人均产能，从而达到增效目标。

第七章

围绕机制如何优化，激发潜能生动力

企业的目标是靠全体员工的奋斗实现的。要调动员工积极性，激发员工干事创业的潜能和激情，必须建立激励机制。激励机制是指通过特定的方法和管理体系，使员工对组织及工作的承诺最大化的过程。充分运用激励机制可以培养员工对工作的热情和积极性，提升员工对企业的归属感和认同感，激发员工的积极性和创造性。然而，"没有万能的激励制度，只有合适的激励制度"。每个企业只有建立适合自身发展的激励制度，才能为企业经营发展提供强大的支撑，更好地实现企业的目标。目前，农商行及其分支行都或多或少地建立了员工激励机制，但激励机制存在缺乏系统性、逻辑性、公平性和操作性等问题。因此，必须在充分了解企业激励目的、员工所想所要以及企业所能给予的基础上，优化员工激励机制，真正形成"富养、严管、厚爱"的培养培训机制，"多劳多得、少劳少得、不劳不得"的绩效分配机制，"公平、公正、公开"的评先评优机制，"能者上、平者让、庸者下、劣者汰"的评价退出机制及"人人皆人才，赛马不相马"的后备晋升机制，充分调动员工积极性，让员工从"人"变为"人才"，从"人才"变成"人财"。

第一节 分支行激励机制现状

　　目前农商行及其分支行都或多或少地建立了员工激励机制，但激励机制存在缺乏系统性、逻辑性、公平性、操作性等问题。同时，分支行负责人对员工需求缺乏了解，这些问题导致员工对企业组织及负责人缺乏信任，在工作过程中存在猜疑及浮躁的心理，质疑企业能否长期经营发展或者能否发展好，会不会对自己事业前途产生不良影响。"去与留"的思想斗争一直伴随，"躺平"或"骑驴找马"的思想愈演愈烈，最终造成员工心理浮躁，负面情绪非常严重，相互传导下不利于银行的健康可持续发展。

一是激励机制缺乏系统性。目前员工入职后经过总行或者上级行一个月左右的短暂入职培训后，就上岗交由分支行自主培养，一般分支行会结合员工工作岗位推荐一名师傅，采取"师带徒"的培养模式，由师傅负责传道授业解惑，后续靠员工悟性自由成长、成才。工作期间，分支行可能会按照上级行要求为员工制定三年或五年的职业规划，但规划比较宏观抽象，缺乏操作性。分支行对员工的成长及成才缺乏系统性规划，例如员工岗位能力如何提升、员工如何多岗位锻炼、员工未来的职业如何规划等问题仍然存在。缺乏有效的系统性规划可能会导致员工入职后及在后续的工作岗位上比较迷茫，有的员工感觉看不到发展前途，可能会选择跳槽；有的员工会因为对一些岗位不太了解而感到惆怅，可能抵触轮岗，长时间会造成员工整体能力薄弱，从而造成人力资源浪费。

二是激励机制缺乏逻辑性。激励机制是指通过特定的方法和管理体系，使员工对组织及工作的承诺最大化的过程。所以，激励机制在建立时要充分考虑建立的目的、员工需求以及所在企业能不能满足等因素。然而，在具体管理实践中，各分支行建立员工激励机制缺乏逻辑性，认为只要给员工薪酬待遇就能解决任何问题，员工工作的主要目的就是为了挣钱。所以，分支行行长通常会利用绩效考核、扣钱处罚、发钱奖励等方式管理和激励员工，却并不清楚员工真正需要什么，有时候这种管理模式和激励方式会引起员工反感和抵触，甚至会造成员工集体"躺平"的现象。因为，员工工作的目的除挣钱外，还有实现社会价值、自我价值。

三是激励机制缺乏公平性。古话说："不患寡而患不均。"缺乏公平性的"对人不对事"激励机制会比没有激励机制更加可怕。在建立激励机制时，分支行的出发点肯定是公平公正的，但在后续执行过程中，可能会出现走样的状况，从而造成员工不信任规则制定者，怀疑规则制定者的初衷和动机。后续管理者如果再制定类似制度规则及其他规则制度，员工会持怀疑态度，执行难度非常大。比如说分支行制定了一套评先评优制度及规则，并设定评先评优具体标准，但是在年底评先评优考核时，却不按照这些考核标准开展考核或者为某些员工改变考核规则，导致员工认为这些制度形同虚设，主要的作用就是为了糊弄员工。员工的工作做得好不好不在于达没达到制度规则规定的门槛要求，而主要取决于管理者。

四是激励机制缺乏操作性。有效的激励机制不但具有系统性、公平性、逻辑性，而且还必须具有可操作性。有些分支行所建立的激励机制比较宏观抽象，缺乏有效操作性，激励内容只停留在书面，而不能有效落地，从而达不到激励的效果，造成有激励机制和没有激励机制一个样。例如，分支行制定了员工三年或五年职业规划，规划内容非常到位且规划目标非常明确，但如何让员工在三年或五年内达到规划目标，却没有配套的培养计划及培养措施，特别是有些员工暂时不具备规划目标所要求的条件和能力，还需要能力提升后才能做出职业规划，这种情况规划目标肯定难以实现。这样会造成培养机制仅停留在书面上，缺乏有效的操作性，更达不到激励的效果。

第二节

分支行激励机制逻辑分析

在建立激励机制时，要认清激励机制的逻辑结构，建立并优化有效的激励机制，以达到激励的目标。首先必须认清激励机制建立的主要目的是什么，同时还要认识到有没有充分的吸引力，能给员工带来什么或提供什么，更重要的是要充分认识员工的需求是什么，所建立的激励机制在员工身上能不能体现出效果。否则，所建立的激励机制犹如一座空中楼阁，不能按照预期落地开花结果。

一、激励机制的目的

究竟为什么要激励员工，也就是激励机制的主要目的是什么，这是我们建立激励机制的主要出发点也是主要动力源泉，同时也能引领我们找到最有效的激励办法。有效的激励机制，可以激发员工的主动性和积极性，充分发挥个人的能力，促进企业目标达成，从而实现企业健康可持续发展。

一是激发员工的主动性。 企业的目标是靠全体员工的奋斗来实现的，员工是企业所有资源中最核心的资源。员工主动性的高低会导致企业投入同样资源产生的实际效果完全不一样。同样，人力资源成本在使用过程中具有成长性，激励到位可以不断增值。所以，建立激励机制的目的之一是激发员工的主动性，主动参与到企业的经营之中，想企业所想，思企业所思，充分发挥自己的主动性和聪明才智，有效为企业创造价值。相反，激励机制不到位，会造成员工工作不积极主动，负面情绪严重，有"做一天和尚撞一天钟"的心态，造成资源浪费，阻碍企业发展。

二是激发员工的创造性。 和企业拥有的其他资源不一样，员工有自己的思想，具有独立思考能力，企业是无法通过设备控制住的，只能通过机制引导约束。同样，员工拥有自身创造力，可以通过学习和工作不断提升自身的价值，创造更多的资源。不同的员工因知识背景、自身素质等不一样，自然拥有的创造力也不一样。有没有激励机制及激励机制是否到位，可使同一个员工创造力不一样。因此，建立有效的激励机制，可以有效激发员工的创造性，为企业创造更多的价值和资源。

三是增强员工的责任感。 很多企业要求员工必须以主人翁的精神对待工作及企业的发展，但事实上很多企业并没有给予员工主人翁的地位和权限，主要原因在于激励机制不到位，造成员工对待工作没有太大责任心，认为企业只是自己的短暂歇脚之地，而不是久留之地，没有必要为企业卖力工作。所以，建立有效的激励机制，赋予员工主人翁的地位和权限，能够有效增强员工的责任感，形成"主人翁"的意识；也能够增强员工对组织的归属感，减少员工流失，提高员工的忠诚度。

四是促进企业目标达成。 建立有效激励机制的根本目的在于促进企业目标的达成。通过使员工具有主动性、创造力以及责任感，让员工个人目标与企业目标保持一致，从而有效实现企业目标。如果激励机制不到位，会造成个人的目标与企业目标不一致，必然会导致员工产生"做一天和尚撞一天钟"的心态，造成企业资源浪费，也就谈不上企业目标的实现。所以，必须建立有效的激励机制，充分调动员工的工作积极性，充分发挥员工的主观能动性，最大限度地为企业创造价值。

二、员工需要什么

激励机制是否有效以及能不能真正激励到员工，关键看员工需要什么。充分了解并根据员工的合理需求设计出来的激励机制及激励方案，必然会充分调动员工的积极性和主观能动性，从而为企业创造价值。相反，如果不根据员工的实际需求制定员工激励方案，将不能充分调动员工的积极性，更不会为企业创造更多价值。

马斯洛的需求层次理论，将人类的需求像阶梯一样从低到高分为五个层次，包括维持自身生存的最基本要求的生理需求；保障自身安全、摆脱丧失事业和财产威胁等方面的安全需求；感情和归属群体的社交需求；自我尊重和受到他人尊重的尊重需求；实现个人理想、抱负、发挥个人能力的自我实现。其中前三个属于低层次需求，后两个属于高层次需求。低层次的需要基本得到满足后，激励作用就会降低，高层次的需要会取代它们成为推动行为的主要原因。

一是薪酬福利待遇。 薪酬待遇是员工最基本的需求。员工工作的首要目的就是取得相应的报酬以满足自己及家庭的需要，让自己能够生存下去。薪酬待遇包括工资薪酬、福利待遇等。因此，应按照"多劳多得、少劳少得、不劳不得"的绩效分配原则，鼓励能者多劳，劳者多得，满足员工追求物质的需求，充分调动员工的积极性。

二是工作氛围融洽。同等薪酬待遇的情况下，工作氛围对于员工非常重要，单位人际关系简单，管理层和蔼可亲、公平公正透明等，这种良好融洽的工作氛围会让员工工作时心情愉悦，心理压力减小。相反，氛围比较紧张，领导与员工、员工与员工之间经常算计来算计去，不融洽的氛围会让员工心情压抑。

三是工作能力提升。很多员工看重在现有工作岗位上能否学到业务知识和工作技能，从而为未来的职业规划奠定重要基础。在解决薪酬待遇及工作氛围等生存问题之后，工作能力的提升对员工来说非常重要。企业完善的培训体系及培养体系会有助于员工工作能力的提升。

四是得到尊重认可。员工具备较强的工作能力后，希望能得到企业的尊重。尊重人才、关心人才会让员工的主观能动性得到更好的发挥，否则员工会慢慢选择跳槽或者离开，选择尊重人才的单位。因此，应按照"公平、公正、公开"的评先评优机制，开展评先评优工作，构建良好的评价体系，让真正有能力的员工得到荣誉、得到尊重。

五是职业晋升畅通。员工在具备非常强的工作能力或成为单位的核心骨干人才后，对职业晋升有较高的需求。员工只有得到职业晋升成为管理层后，才可能会选择不跳槽。所以，要畅通职业晋升通道，建立"能者上、平者让、庸者下、劣者汰"的晋升退出机制，以留住人才、拥有人才。

分支行优化激励机制措施

在了解建立激励机制的目的及员工需求之后，就要考虑银行能给员工带来什么及能否满足员工需求。只有银行能给予的与员工所想要的相吻合，才能建立并优化有效的激励机制，激发员工的潜能从而产生内生动力，如果只是给员工"画大饼"，往往会导致人才流失以及造成人心不稳。要结合员工所想要，完善员工培养机制、评先评优机制、绩效分配机制、评价退出机制及后备晋升机制等激励机制，营造出良好的工作氛围，进而满足员工的实际需求。

一、完善员工培养机制

完善员工培养机制，建立"人才库"。根据员工的实际需求，通过分阶段、按岗位、有步骤的培养机制，让员工从"人"变为"人才"，从"人才"变成"人财"。如校园招聘员工入行3～6个月成为合格柜员，入行6个月～1年成为成熟柜员，入行1～2年成为内勤主管后备；新转岗客户经理自转岗之日起，3个月内熟悉掌握各类业务的操作流程，6个月内具备一定营销能力，1年内具备独立营销能力。办事员成为扮演"桥梁纽带、风险管控、优化创新、全员营销"四个角色的优秀人才。团队负责人达到营销生产力强、团队凝聚力强、管理能力强"三强"标准，快速成为中层干部后备。

1. 五阶段"富养"，让青年员工快速成长

一是高度重视，以"谈心谈话"开启入行新篇章。每位新员工到岗前，分支行行长谈心谈话是其入职"第一课"，分支行行长要详细了解新员工的学习情况、兴趣爱好、个人职业规划等，首次为其"画像"。同时，进行合规教育，传授银行从业人员基本规范，讲授员工从业底线和红线，要求牢记合规理念、坚守风险底线。

二是"师带徒"，以"传帮带"提升岗位新动能。实行导师制管理。将新转岗或新入职的营销人员纳入团队管理，为其配置3名导师：1名主导师（团队负责人）、2名副导师（管理部1名办事员和1名成熟客户经理）；将校园招聘新员工分配至二级支行柜面，为每位校园招聘新员工配置2名导师：1名主导师（内勤主管）和1名副导师（成熟柜员）。出台衡量标准。制定客户经理、运营条线"师带徒"考核办法，用一年时间对新员工进行培育，由条线管理部门出台综合评价标准，将评价结果作为新转岗客户经理的定级依据。制定奖惩机制。将新员工成长和导师、副导师的考核挂钩，充分调动师父的积极性和责任心，确保带徒质量，使新员工快速融入团队、提升业务技能。

三是制定规划，以"发展蓝图"激发成长新潜力。按阶段制定能力提升规划。短期能力提升分为半年和一年期限，在技能、证书、基础业绩方面分别制定目标；中期能力提升以2~3年为限，进一步挖掘和提升青年员工的管理能力、营销能力等；长期目标为3年以上，重点根据青年员工个人兴趣和特点，规划未来发展方向，努力使其成长为团队长、支行行长、内勤主管、部门经理等。按岗位配备挂钩培养人员。为35周岁以下青年员工指定1名风险保证人和2名导师。风险保证人主要职责是加强对青年员工职业习惯、行为规范等方面的教育和管理，导师主要职责是对青年员工的业务技能、营销能力、职业规划等进行指导和监督。

四是创新模式，以"勤学苦练"炼出学习新成效。做好常态化赋能指导。条线管理部门对新转岗客户经理、新入职柜员进行业务指导，通过产品及技能培训、实战演练、案例分享等方式提升其实操能力。打造专栏式自学基地。在分支行的门户网站建立业绩产品专栏、案防合规专栏、文件专栏、党建天地、红黑榜、信贷专栏、运营专栏、文化专栏、员工之家等板块为员工提供学习基地。开展针对性培训模式。"现学现考"返检培训效果，培训结束后立即对参训人员开展随堂测试，对考试不及格人员进行再培训再测试；"先考后学"决定参训人员，培训前对拟参训人员进行测试，测试通过的无需参训，测试未通过的进行培训，切实回归培训初衷。

五是坚持思考，以"主题晨会"展现表达新魅力。全体干部员工每日轮流担任主持人，自主确定晨会主题，参会人员结合工作和生活发表对主题的看法，分支行行长室成员进行点评，主持人做最后总结。晨会结束后，主持人根据发言情况撰写当日晨会纪要，经办公室审核后整理发布在门户网站专栏上，每年年末评选"十佳主题晨会"，不断锻炼员工勤想、敢说、会写的能力，让每位员工深切体会语言表达的魅力所在。

2. 四实招"严管"，让青年员工坚守底线

一是制度先行，打好行为基础。 制定《员工工作规范及行为规范》《"流动红旗"评比办法》《员工积分评价体系表》等，从制度上约束员工的行为规范。每周检查通报员工行为规范、着装情况、安全保卫、在线学习等日常行为，督促员工养成良好的工作习惯。

二是流程梳理，管理赋能经营。 筑牢青年员工合规这条思想防线，教育青年员工业务办理要遵循规章制度，不得突破合规底线。倡导机关为基层服务理念，减少基层向上沟通的频次，提高青年员工的工作体验感。

三是员工"画像"，督促取长补短。 按季总结客户经理和柜员扣分情况，按考核项目展示两个序列员工的季度表现，对其进行精准"画像"，帮助青年员工找不足、补短板。

四是运用积分管理，完善考核体系。 实行积分制管理，每次检查通报均计入相关员工的个人积分，积分与绩效工资、评先评优挂钩，以此规范约束员工的日常行为。机构、部门、团队的积分为辖内全体员工的积分汇总，将个人与集体的考核紧密联系，督促团队和机构对辖内员工加强管理，做到个人与集体"共荣辱"。

3. 两方面"厚爱"，让青年员工增强归属感

一是关怀员工及家属，送去最真挚的祝福。 倡导"家文化"理念，提升员工归属感，增强主人翁意识。一方面过集体生日。统计全体员工生日，在员工生日当天在群内为其送上生日祝福；为员工发放面包卡等福利；每月选一天为当月员工过集体生日，在行内唱生日歌、切生日蛋糕、拍生日合照。另一方面建立家属群。在家属生日当天在群内为员工家属送上生日祝福；在家属生日当天由工会寄送一封行长亲笔签名的感谢信和一份精美的生日礼物；利用每年家访机会当面对家属的理解和支持表示感谢。

二是坚持测评与谈话，营造公平公正的氛围。一方面专门设置意见箱。鼓励员工将内心想法、意见和建议等不方便当面提出的事项匿名投进意见箱，综合部按周收集整理，积极响应员工诉求，确保员工发声渠道畅通。另一方面定期开展民主测评。在每季度全员参会的工作会议上，对机关部室及办事员进行民主测评，测前不通知，会中随机进行，且行长室及被测评部门、办事员不参与测评，从发票、收票到计票均由基层员工全过程参与，测评结果在会议结束前现场宣布。此外，测评结果与办事员和部门经理在分行 50% 的绩效分配挂钩，占比 20%。通过基层对机关进行测评，督促机关主动作为、热情服务，真正为基层排忧解难。同时，进行走访式全员谈心谈话。结合员工业绩、绩效工资、近期表现等情况，分支行行长室每季度下基层、跑网点，与每位员工逐个谈话，了解每位员工的工作状态和生活情况，倾听员工内心诉求和意见建议，同时指出不足、鼓励进步，让员工感受关怀、得到温暖。

二、完善绩效分配机制

完善绩效考核分配机制，应巧用"指挥棒"。强化考核引领，持续优化"多劳多得、少劳少得、不劳不得"的分配机制，强化业绩考核对于人员营销能力提升的推动作用，时刻坚持"全员营销"理念，充分利用分支行分配比重，打通序列内、网点间人员的竞争机制，以积分客观反映人员的贡献度。

一是坚持全员营销理念。分支行的岗位分为前、中后台，前台主要负责对外拓展营销客户，中后台主要提供服务支撑。坚持全员营销是在各岗位目标任务考核指标中设置营销指标，特别是中后台考核指标中除本岗位职责外，还要增加少量的营销指标，形成"千斤重担人人挑，人人头上有指标"的局面。开展全员营销工作并不是要求全员每天都要外拓客户，其主要目的是倒逼全员发挥主人翁意识，人人关注营销，人人参与营销，始终秉承"中后台服务前台""机关服务基层"和"柜面服务客户及客户经理"的服务理念,感同身受理解前台营销的难度,从而提高对前台及客户的服务质量。反之,不坚持全员营销理念,中后台员工会认为营销只是前台的事情,与其职责无关,进而导致遇事推诿、扯皮及办事拖延等情况发生,长此以往会影响营销人员的心理感受、工作效率以及服务客户的质量。因此,坚持全员营销理念就是让全员清晰认识到,分支行是一个团队,每个角色只是分工不一样,但大家目标都是一致的。

二是优化绩效分配模式。优化绩效分配模式主要是开展跨序列积分制考核。跨序列积分制考核主要是指要打通序列内、网点间人员的竞争机制,以积分客观反映人员贡献度并通过贡献度获取绩效报酬。分支行以往的考核模式将考核权限下放至网点,由网点负责人考核各岗位员工,实现一级管理一级考核模式。这种考核做法有其优点,但同时也存在弊端,有时会造成考核失效的集体"躺平"现象,不能充分调动员工积极性;有时候会出现同一序列人员业绩一样,但在不同的网点得到的绩效不一样,甚至出现网点业绩较差但干得好的员工得到的绩效不如网点业绩好但干得差的员工。因此,开展跨网点积分制考核可以打破传统考核失效以及考核不公平等现象,有利于充分调动员工的积极性,真正实现"多劳多得,少劳少得,不劳不得"的分配机制。按照分支行各序列员工的工作内容制定序列积分制考核方案,明确各项考核项目任务指标并赋予一定的积分。比如说分支行客户经理考核积分1 000分,考核指标包括业务指标、合规类指标等;内勤主管的考核指标主要是各柜面人员考核指标的总和,以此类推,可以制定网点负责人、理财经理、柜员及办事员的积分制考核方案。同时,为了解决网点员工与网点的关系,可以在积分制考核中将员工的考核积分与网点业绩指标完成情况按一定比例挂钩,以有效解决员工不服从网点负责人安排的现象。比如说某网点柜员实行积分制考核,柜员既要与其他网点的柜员按照积分制进行竞争,同时柜员最终得分也与所在网点的得分挂钩,可以解决网点考核等次高、柜员考核等次靠前的情况。

三是强化考核结果运用。强化考核结果运用主要包括加强考核过程管理及将考核结果充分运用,形成"业绩必须是自己干出来的,绩效必须是自己挣来的"的工作氛围。一方面定期公布通报网点及各序列员工的预考核情况,包括考核排名、长短板指标情况等,主要目的是督促网点及员工及时对标找差、相互竞争、弥补短板,努力完成各项任务指标,从而达成分支行的考核目标。另一方面将最终的考核结果充分运用到网点及员工评先评优、各岗位评价以及晋升退出等评价中,充分有效发挥绩效考核的"指挥棒"作用。

三、完善评先评优机制

完善评优评先机制,调动"示范队"。评先评优是尊重和认可人才的一种重要方式。应发挥典型示范效应,持续实施"公平、公开、公正"的评优评先评比机制,以公平的标准、公开的流程、公正的决策,将爱岗敬业、勤勉履职、积极向上的成员评选为分支行的优秀员工,科学有效地实施正向激励,充分发挥先进个人及优秀典型的示范引领作用。

一是建立评先评优标准。 评先评优是对人才的认可和尊重的一种重要方式。评先评优形式是否合理、过程是否规范、结果是否公正,直接影响到员工对单位做出的决策是否信服。建立评先评优标准是评先评优信服于众的重要环节,同时也是促使员工努力工作的指引。标准要信服于众。一是要方案完善。方案制定前必须要向被评对象征求意见或建议,听听被评对象的想法和看法,收集意见后根据上级行以往的评先评优方案要求,拟定标准内容,形成完善的方案。二是尽早及时公布评先评优方案。上级行的评先评优方案一般在评先评优前几天公布,而后对照评价标准开展评先评优工作,这种评价方式会导致一些员工有想法,特别是较去年评价办法有所调整时。因此,在管理上,要尽早及时公布评先评优方案,让员工对照标准努力工作,从而提升能力达到优秀的标准。

二是完善评先评优过程。 一般评先评优是相关牵头部门对照标准筛选符合条件的人员名单,锁定候选人后上报至上级行,由上级组织开展最后评选工作。这种评先评优过程,可能忽视了部分员工的感受,特别是一些追求进步的员工,他们认为这种评先评优的方式缺乏公开性,存在人员被内定的嫌疑。由此,必须完善评先评优过程,确保过程公开透明,结果取信于众。首先,牵头部门发布评先评优通知,让员工自行申报,提高员工参与度。其次,牵头部门对照标准开展复核筛选工作,保留符合条件的员工,同时通过邮件或短信将不符合申报条件的具体理由私下发至该员工,目的在于让员工知晓自己不符合的理由,打消员工怀疑内定的念头,确保评先评优让员工信服。最后,将符合条件的员工予以全行公示。

三是发挥典型示范作用。 评先评优既是尊重人才、关心人才的形式,同时也是一种树立正面典型的方式。要充分发挥正面典型的示范引领作用,激励其他员工按照其行为方式努力工作,为企业发展作出贡献。一是要开展学习先进典型的活动。让先进典型讲好自己的故事,特别是将自身取得优秀业绩的先进做法讲深讲透,让其他员工深入学习体会,争取能够触动其心灵深处,让其在思想上有所改变,行动上有所进步,从而有效提升自身的能力。二是展现固化先进典型的形象。学习先进典型是一时之事,过了一段时间就可能淡化淡忘。由此,要展现固化先进典型的形象,可以在楼梯间或食堂的显眼处展现榜样的风采,让每位员工每天必看必想,真正触动其心灵深处。

四、完善评价退出机制

完善干部员工评价机制,赛出"一等马"。营造领头效应,持续优化"能者上、平者让、庸者下"的评价机制,激发干部员工效能,建立起"赛马"竞争机制,围绕经营考核、战略转型、合规管理等指标,优化网点负责人、内勤主管、各序列员工的评价办法,通过不断竞争、适时换血,建立一支能干事、会干事、干成事的"领头羊"队伍。

一是建立评价退出标准。 目前分支行干部员工的岗位均存在"上岗容易下岗难"的情况,造成很多干部员工存在"躺平"的现象,从而不能有效提升产能。因此，必须建立评价退出机制，建立评价退出标准，要解决连续多次指标完成情况不达标或不能胜任岗位的人员的问题，及时评价退出，形成"能者上、平者让、庸者下、劣者汰"的机制。一方面要制定各序列的评价退出方案。在制定方案前要召开各序列人员座谈会，传达主要精神，并征求各序列人员的意见或建议，结合意见或建议，拟订方案初稿，再次征求意见或建议后形成定稿，经分支行行长办公或党委会审议通过后发文执行。另一方面要及时宣导评价退出方案的内容，让全员知晓并充分理解评价内容及约束机制，形成震慑力，为后续方案有效实施奠定基础。

二是优化评价过程管理。 评价退出并不是最终的目的，而是要通过评价退出机制的实施，让被评价人努力提升自身能力，满足岗位需求，从而为单位创造更多的价值。因此，要优化评价过程管理，及时提醒被评价人的预评价情况以及存在的短板。一方面定期公布预评价结果，及时公布并告知被评价人，让其知晓并做到心中有数；另一方面定期召开评价情况分析会，互相交流，互相学习，找出问题，分析原因，为被评价人解决问题提供支撑。

三是完善退出过程管理。 分支行干部员工的评价退出机制是刚性的制度，必须不折不扣执行到位，否则达不到初期设想的效果，选不出优秀的人才，但评价退出并不是最终的目的，目的是通过评价退出机制让被退出人及其他员工感到压力，不断提升自身的能力，营造出你追我赶的赛马氛围。由此，要完善退出过程管理，在实际操作中尽量要柔性处理，避免留下退出后遗症，形成负面影响。要公平公正地按照评价制度执行，并将评价结果反馈至被评价人，告知其评价的相关情况及可能会被退出的具体理由。达到退出条件的不要直接命令退出，而是提前和员工开展必要的沟通，降低员工的心理抵抗，减少员工的内心怨气。此外，征求被退出员工的意愿，安排合适的岗位，对其加大培训力度，让其尽快适应新的岗位，重新对其进行职业规划，使其找到其适合发展的方向及岗位。

五、完善后备晋升机制

完善干部员工后备晋升机制，筑牢"蓄水池"。后备晋升机制是留住人才的有效手段。搭建科学合理的员工后备晋升机制不仅可以激发员工的积极性和能动性，还可以为单位的长期可持续发展提供人才动力。如果缺乏科学合理的员工后备晋升机制，没有打通后备晋升通道，往往会导致员工对工作失去热情和动力，可能面临人才流失、人心不稳定等问题，从而影响企业健康可持续发展。

一是搭建后备人才梯队。人的问题可以通过招聘方式得到解决，但人才问题必须通过长时间培养才能解决，核心人才问题更是要通过更长时间更高成本地培养才能解决。单位要想可持续稳健发展，必须搭建后备人才梯队，解决各序列后备人才问题。人才梯队建设的目标是保证在各序列岗位变动及前任提拔、退休或辞职等种种原因出现岗位空缺时，至少保证有两至三名员工能够立即接替空缺岗位工作或者经过短暂的培训能够接替空缺岗位工作，确保工作有序开展。一方面普通岗位要建立 AB 角岗位机制。针对重要岗位或重点工作，必须要求相似岗位或者不同岗位的员工互为 AB 角，在做好本岗位工作的同时，要兼职学习其他岗位的工作，防止后续岗位出现空缺时，没有人能够立即接续，以确保工作的延续性和稳定性。另一方面管理岗位要建立后备人才培养机制。"火车跑得快，全靠车头带。""车头"不是一朝一夕能够建成的，需要大量的投入和培养才能成型。所以，要加大管理岗位后备人才梯队建设，确保岗位空缺时有人可用。比如说针对网点负责人岗位，可以从营销人员中选拔出团队负责人加以培养，形成网点负责人后备；内勤主管后备可以从柜员中选拔出内勤副主管加以培养，形成内勤主管后备。

二是完善晋升机制建设。晋升是单位留住人才的一个重要且有效手段。同时晋升也是很多员工非常向往和看重的，不想当将军的士兵不是好士兵。但晋升机制是否合理、晋升过程是否公开、晋升结果是否公正，将会对整个单位的选拔机制产生重大影响，也会对员工的士气产生重要影响。所以要完善晋升机制建设，打造一个公平公正、公开透明的干部选拔机制，让有能力、能干活、干好活的员工成长成才。完善晋升机制要做到以下几点：一是优化晋升机制方案建设。单位要秉持公平公正的原则和程序制定公正合理的晋升选拔方案，明确选拔标准和选拔程序，让核心骨干人才对照办法不断提升自身能力建设，对未来的工作和前途有期望和盼头。二是加强选拔过程管理。选拔晋升过程管理要本着"公平、公正、公开"的原则，整个选拔过程要接受员工监督，杜绝任何的暗箱操作，更不能因人情关系打招呼而违反选拔规则，进行特殊办理，真正要做到任人唯贤，而不是任人唯亲，确保整个选拔过程公开透明，在行内建立一种"人人皆人才，赛马不相马"的选人用人机制。

第八章

围绕文化如何建设，找准方向聚合力

企业文化在企业经营发展过程中发挥着极其重要的作用，不仅能够统一企业思想，规范员工行为，激发工作热情，提振员工信心，增强员工凝聚力，同时也能够增强企业活力，提升企业核心竞争力，实现健康稳定可持续发展。企业文化是企业发展过程中长期形成的共同理想、基本价值观和行为规范的总称，是企业在经营管理过程中创造的具有本企业特色的精神财富总和。分支行作为总行的一个分支机构，要在总行总体文化体系框架下开展自身的文化建设，且因历史原因、地域特点以及人员结构等因素不同，分支行文化建设也有着自身的特点。文化建设没有万能的操作模式，不可千篇一律，只要对分支行稳健可持续发展有利的文化均可吸收采纳借鉴。由此，分支行的文化建设必须根据自身实际情况，结合自身的特点，构建一个与自身经营发展模式相符并能够有效支撑企业发展的企业文化体系。

第一节

分支行文化建设意义

分支行文化建设是分支行经营发展管理的重要组成部分。优秀的企业文化可以提高分支行的管理质量和经营的整体效率，提升企业竞争力以及影响力，推动企业实现稳健可持续发展。同样，优秀的企业文化可以增加员工的凝聚力、归属感、责任感等。所以，加强分支行文化建设的重要意义不言而喻。

一是有助于管理质量的提升。分支行文化建设在经营管理过程中起着重要的作用。建设优秀的企业文化，可以使员工的价值观与分支行的价值观保持一致，为分支行后续管理奠定有效基础。一方面，优秀的企业文化建设能够改变员工的思想意识，产生积极向上的工作态度，促使员工价值观与单位的价值观保持一致，以充分理解和贯彻落实单位的各项规定，有助于单位管理的各项规章制度有效顺利落地，产生良好的管理效果。否则，会触发员工对管理制度的抵触情绪，从而阻碍各项规章制度的贯彻执行。另一方面，优秀的企业文化建设可以使员工的能动性得到有效提升，积极有效履行自身的岗位职责，为完成单位的目标而付出努力。简言之，企业管理的目的主要在于规范员工的行为，挖掘员工的潜力，有效为单位产生价值。优秀的文化可以引导员工主动遵守各项管理规章制度，有助于单位管理行为的落实，降低管理成本，同时还能激发单位员工的自觉性和能动性。

二是有助于企业竞争力提升。分支行加强优秀的企业文化建设可以有效提升自身的竞争力。竞争力是指参与者双方或多方通过角逐或者比较而体现出来的综合能力。分支行的对外竞争力主要是靠为客户提供的产品或服务与同业相比较而产生的。优秀的文化可以助力设计出具有竞争力的产品和提供优质的服务，从而提高企业竞争力。优秀的企业文化可以让内部管理变得更加有序，员工变得更加团结和谐，员工主观能动性得到充分发挥，提升员工对客户的服务能力和服务质量，增强企业品牌影响力，从而有助于企业竞争力的提升。

三是有助于发展能力的提升。建设优秀的企业文化对分支行长期稳健可持续发展起到至关重要的作用，有助于企业发展能力的提升。没有优秀文化的支撑，短时间或许可以依靠某个人的影响力得以发展，但长期稳健可持续发展很难得到保障。文化是根，文化是魂，文化是力。积极向上、富有活力以及和谐美满的优秀文化，能够使企业工作氛围变得和谐温馨，员工的精神面貌焕然一新，员工的工作状态充满活力，从而有效提升员的工作能力和效率,也能够吸引更多的同行业或者其他方面的优秀人才加盟。同时,优秀的企业文化也可以减少自身核心人才流失,提高人员的自身产能,扩大企业对外竞争力和品牌影响力,从而有助于提升企业长期发展能力。

四是有助于员工归属感提升。 分支行建设优秀的企业文化对有效提升员工的归属感和凝聚力起到极其重要的作用。归属感是个体与所属群体间的一种内在的联系,是某一个个体对特殊群体及其从属关系的划定、认同和维系。心理学家研究认为,缺乏归属感的人会对自己从事的工作缺乏激情,责任感不强。建设优秀的企业文化,可以在企业内部形成一种共同的归属感,从而提高员工的工作热情和工作效率,增加员工对单位的热爱,有效减少人员流失率。分支行的员工归属感强不强,可以从员工对外交流的言语中得到判断。比如某企业一个员工在与亲戚朋友交流时,总会带着自豪的语气介绍自己单位一些关心员工的措施及优秀的管理做法等,从中可以证明他对单位的文化认同感很强,同时对单位的归属感也很强。相反,如果每次交流时,员工语气中充满抱怨,并指出单位管理不人性化或者管理做法不合理等,这证明他对单位的文化并不认同甚至还有抵触的心理,往往其归属感很差,如果遇到合适的单位,可能会选择离开。

第二节

分支行文化建设要点

分支行作为总行的分支机构必须在总行文化战略的框架和文化建设指导思想下开展企业文化建设,因为它是总行文化战略的执行者。但分支行在文化建设过程中不能完全照搬照抄总行文化建设方案,要结合自身的特点和情况,制定自己的文化建设思路和方案,否则会出现生搬硬套的现象,不利于分支行文化的形成,更不能有效发挥文化建设的作用。因此,分支行开展文化建设要掌握一些要点，如管理层必须做好表率作用、重视员工的合理化建议、提炼分支行的特色文化理念、文化建设软硬件建设相结合，这样才能确保文化建设的可持续性，确保文化建设的效果。

一是管理层必须做好表率作用。分支行主要领导及管理层在单位的文化建设过程中起到非常重要的作用。单位文化建设的主要理念要求及做法初期均来自单位主要领导及管理层的思想和要求。主要领导及管理层在分支行文化建设中必须能够起到表率和引领作用，否则，会直接影响文化建设的效果。比如说管理层制定了员工行为规范，要求员工每天早上必须提前10分钟到岗，不得迟到早退，上班时必须统一着装行服等，但在后续的执行过程中，管理层自己却不带头遵守相关规定，经常迟到早退或者着装不规范等等，长此以往员工会对管理层制定员工行为规范产生怀疑和不满，认为这些规范只是针对员工制定的，造成规范后续难以执行到位。因此，在分支行文化建设过程中，主要领导管理层必须起到表率作用，以确保文化建设效果。一方面主要领导及管理层要带头遵守分支行制定的各项规章制度及管理规定，真正起到带头和标杆作用，不能搞特权或者差异化对待，否则会引起员工效仿、猜疑以及不满，从而影响分支行文化形成和建设效果；另一方面主要领导及管理层在执行过程中如果发现部分现已执行的管理规定不合理、缺乏人性化或者员工提出的异议较多，必须及时与员工沟通，听取员工意见或建议，及时做出是否调整管理规定的决策判断，如确实是员工自身的问题，要及时向员工解释说明，确保管理制度及管理规定合理化和人性化，提高执行力，保证执行效果。

二是要重视员工合理化的建议。员工的合理化建议对分支行文化建设能够起到重要作用，能够提升文化建设落地的效果。要重视员工合理化建议，多措并举收集、吸收员工合理化建议。一方面要主动收集员工的合理化建议。分支行在制定规章制度、管理规定及考核办法过程中，要积极主动征求员工意见或建议，吸收合理化建议，目的在于让员工积极有效参与制度文件制定，提升员工主人翁意识，同时确保全员思想统一，以便于后续制度有效落地。否则,制定的规章制度落地执行效果会大打折扣,甚至激发员工的抵触情绪。另一方面要畅通员工合理化建议的渠道。分支行在文化建设过程中,要畅通员工提合理化建议或意见的渠道,比如设置意见箱、召开座谈会或讨论会等,确保合理的意见或建议能够及时有效到达主要领导及管理层。管理层要督促牵头部门将合理化建议整理后反馈至相关条线部门,制定落实计划表,明确时间和责任人,并将最终落实结果反馈至提意见或建议的员工,让其评价回复落实结果是否满意等等,提高员工参与管理的主动性和积极性。

三是分支行特色文化理念建设。 分支行必须在总行文化战略框架和战略方案下开展自身的文化建设工作,且因历史原因、地域因素以及人员结构等因素,分支行文化建设还必须有自身特点。因此,必须开展分支行特色文化理念建设,形成与自身情况相符的特色文化理念,便于文化建设效果的实现。例如,两个成立时间相差十年的分支行,在人员年龄结构上存在很大差异,成立较早的分支行员工平均年龄较大,而成立较晚的分支行员工平均年龄较小。所以,两个分支行不能仅依靠总行的战略文化方案开展自身文化建设,而是要根据自身的实际情况制定方案,这样才能提升文化建设的效果。一方面要分析自身的优劣势、自身特点以及后续的发展方向等,按照价值导向要求,提炼出符合自身发展要求的文化建设理念。比如,分支行员工平均年龄为 30 岁,则文化理念必须富有朝气,符合年轻人特点,否则年轻员工难以理解文化理念。另一方面可以根据地域特点以及地域文化等情况,提炼出符合自身发展需要的文化建设理念。如分支行所在地红色文化比较出名,可结合当地红色文化特点,提炼自身的文化建设理念。

四是软件和硬件建设相互结合。 分支行文化建设是一个系统性工程,要采取软件和硬件建设相互结合的方式,充分展现文化的核心思想和内容,以有效提升文化建设效果。一方面要加强分支行文化的软件建设。制定配套文化建设的规章制度、管理规定、约束机制、激励机制等等,确保员工思想与单位的价值观保持高度一致，自愿遵守单位的制度规定，从而养成习惯、形成意识，从内心自觉主动地接受文化理念和文化内容。另一方面要加强文化的硬件建设。文化建设要通过一些实物载体展现出来，可使用如文化墙、展厅或文化手册等实物载体，主要目的在于融入员工的日常工作和生活，起到潜移默化作用，从而达到有效宣传传播及学习的目的。如在单位最合适、最显著的位置打造最有文化底蕴的文化墙，并用最简洁、最有说服力的语言总结出文化理念及能够鼓动士气的经典口号粘贴于墙上，让员工每天都能够学习和体会，起到潜移默化的感染作用。同时，也便于接待客户时向客户介绍单位的基本情况及文化建设等情况，可以在短时间内增强客户对单位的了解，有效提升客户与分支行下一步合作的意愿和成效。

五是文化建设要保持延续性。 分支行文化建设工作不是一朝一夕能够完成的，文化建设理念也不是一时一刻能够形成的，文化建设是一个复杂的系统工程，需要经过反复论证完善以及长时间打磨才能完成。所以，分支行的文化建设要保证延续性，形成的制度理念等文化不能朝令夕改，否则会影响员工的认知和执行，同时也会影响单位的公信力。一方面分支行在开展文化建设的规划和建设方案的制定时，必须经过员工的充分讨论和反复论证，而不能是管理层以及主要领导一拍脑袋决定形成的，需要全行员工高度认同，否则文化建设方案执行落地会存在困难。管理层短暂时间内提出的修改、废除或重新制定相关文化建设方案，往往会造成员工对单位规章制度的公信力产生怀疑。另一方面单位主要领导调整时，要保持文化建设的延续性。前后任领导之间的建设理念需要有所衔接，否则建设方向和思路发生重大调整后，会对员工原有的认知产生重大影响，造成员工思想动乱甚至人心不稳的现象，从而影响单位的正常经营。后任领导可以在前任领导建设的文化的基础上修改完善，或者循序渐进调整文化建设的思路和方法，实现平稳过渡，如果短时间内进行重大调整会造成单位局面混乱。

第三节

分支行文化建设途径

分支行企业文化建设内容广泛、形式繁多，包括但不限于企业经过管理过程中长期形成的共同理想、基本价值观、管理模式、行为规范等。同样，分支行文化建设内容的多样性决定了企业文化建设路径的多样性。因此，分支行在选择建设路径方面不可能做到面面俱到，只能选择适合有利于自身发展的建设路径。在认清文化建设的重要意义及理顺文化建设要点的基础上，要理清建设思路，完善建设措施，真正构建一条适合分支行自身经营管理的文化建设途径，推动分支行高质量可持续发展。结合本书前几章阐述的主要内容，下面主要阐述分支行文化建设的主要思路及具体做法，以起到抛砖引玉的作用。

一、分支行文化建设的主要思路

文化建设的效果直接作用于员工，间接作用于客户。本书阐述的分支行行长主要工作思路围绕客户从哪里来、客户来了如何服务、风险如何控制、激励机制如何建立、企业文化如何建设及党建引领如何发挥等。概言之，工作思路主要是围绕"员工"和"客户"两大主体展开，"客户"方面主要阐明如何拓展客户、如何服务客户、如何控制客户风险以及如何提升客户收益等；"员工"方面主要阐明如何管理员工、如何激励员工以及如何给员工创造"家文化"的和谐工作氛围。因此，分支行文化建设的主要思路必须结合分支行主要工作思路，围绕"员工"和"客户"两大主体，建立与经营管理理念、思路及做法等相配套的文化体系，对分支行的经营发展起到积极助推作用。

一是建立与"以客户为中心"配套的营销服务的文化体系。为做实拓展客户、服务客户、控制客户风险及提升客户综合收益等工作，本书阐述部分服务理念及服务措施等，如坚持"以客户为中心""机关为基层服务""柜面为营销人员服务""上下有效联动"等理念；建立配套机制及主要做法，如厘清部门职责、明确办事员角色、提升柜员本领及强化条块联动等。针对服务理念及服务措施等建立配套文化体系，让员工从被动式接受到主动式作为，真正实现服务客户的思想转变及意识提升。

二是建立与"以奋斗者为本"配套的管理激励关怀的文化体系。 为做实员工管理、员工激励及员工"家文化"的创造等管理工作，本书阐述了员工管理的主要思路、主要理念及激励机制等，如"富养、严管、厚爱"的培养培训机制、"多劳多得、少劳少得、不劳不得"的绩效分配机制，"公平、公正、公开"的评先评优机制、"能者上、平者让、庸者下、劣者汰"的评价退出机制以及"人人皆人才，赛马不相马"的后备晋升机制等。针对员工管理的主要思路、主要理念及激励机制等建立配套的文化体系，让员工行为得到规范，工作充满激情，氛围得到提升，充分调动员工的积极性和创造性，真正实现员工从被动管理到主动作为的转变。

二、分支行文化建设的主要做法

分支行文化建设的做法多种多样。只要能够围绕工作思路，对具体工作做法起到积极作用的文化建设做法，均可以认为是值得肯定、提倡、推广的好做法。对此，本书不再一一赘述，主要围绕上文阐述的文化建设思路，拟定一些分支行文化建设的做法，仅供参考之用。

1. 塑造管理文化，提高认同感

俗话说："没有规矩不成方圆。"管理的根本目的在于有效规范员工行为，形成内部分工协作机制，进而提升组织的生产效率及对外的品牌形象。管理文化是企业生存的灵魂，井井有条的优秀的管理文化可以对经营管理起到有效的促进作用，能够使一群平凡的人在一起做出不平凡的事。因此，应塑造优秀的管理文化，提高员工的认同感。优秀的管理文化不是一朝一夕能够形成的，需要管理者树立正确的管理理念，本着实事求是的原则解决问题，公平公正地对待执行，只有这样才能塑造优秀的管理文化。

一是坚持正确管理理念。 管理者的管理理念在管理文化的塑造上起着极其重要的作用。如果管理者在制定管理制度及管理规定时坚持的管理理念是错误的或者是不切实际的，那么后期所制定的管理制度及管理规定在执行时不可能塑造出优秀的管理文化。比如，管理理念要坚持以人为本、严格管理及尊重人性，而管理者制定管理制度及管理规定初始时坚持的理念就不是以人为本或者尊重人性，而仅仅是为了个人一己私利。这种制度在执行过程中就得不到员工的认可和认同，也就不可能塑造出优秀的管理文化。因此，要塑造优秀的管理文化必须坚持正确的管理理念，出发点是要有效解决问题，促进分支行有效发展。

二是实事求是解决问题。 管理实际上就是有效预防问题发生或有效使得同一问题不再发生的过程，即针对即将出现的问题或者已出现的问题，提出管理意见及制定管理措施，有效防范风险或确保后续不再发生问题，以达到有效管理的目的。因此，实事求是解决问题才能塑造出优秀的管理文化，否则，就会出现管理流于形式，问题根本得不到解决。例如，为减少柜面员工差错较多的问题，管理层制定相关考核办法及管理措施，如果不本着实事求是的原则，就可能达不到管理效果。柜面员工差错较多的原因很多，如员工上岗时间短、业务水平低、业务量大及存在故意行为等，要在分析具体原因后，采取针对性的管理措施，以达到最终的管理效果。

三是公平公正执行对待。 差别对待会引起员工不满，不患寡而患不均，差别对待会导致员工不认可管理制度，出现抵触情绪。因此优秀的管理文化塑造必须本着公平公正的原则、一视同仁的态度，否则达不到预期的管理效果。例如，同一违规问题不同处理结果就会影响优秀管理文化的塑造。按照规章制度，同一违规行为，除非有特殊理由，否则处理结果应该完全一样，如果处理结果不一样就会引起员工的猜疑和不满，影响员工对管理制度的执行及怀疑管理层的动机等，不利于塑造优秀的管理文化。

2. 培养激励文化，提升奋斗感

激励文化培养可以充分激发员工干事创业的激情和动力，从而提升员工自身价值及单位的竞争力和影响力。所以，要大力培养员工的激励文化，充分发挥激励文化的作用。在建立激励文化时，管理者要从单位的实际情况及员工的实际需求出发，本着尊重人才、关爱人才、留住人才的原则，建立配套的激励机制，以确保激励效果，形成优秀的激励文化。结合本书第七章阐述的激励机制建设，本人认为只有完善员工培养机制、评先评优机制、绩效分配机制、评价退出机制及后备晋升机制等激励机制，才能营造良好的激励文化，从而提升员工的奋斗感。

一是加强成长引导，提升使命感。 指导新入行青年员工做好职业生涯规划，定好近期与远期目标，为其提供学习与锻炼的平台，同时做好跟踪与评估。传承"传帮带"的文化氛围，继续推进新客户经理培养"青蓝工程"，选聘优秀客户经理"一对一"指导新转岗的年轻员工，在指导中采取"全真教"方式，确保培养有质量、有效果。

二是完善用人机制，提高公平感。 完善用人管理机制，通过"公平、公开、公正"的评先评优机制、"多劳多得、少劳少得、不劳不得"的薪酬分配机制、"能者上、平者让、庸者下、劣者汰"的评价退出机制以及"人人皆人才，赛马不相马"的后备晋升机制，培养实在的激励文化，让员工认认真真工作、明明白白做事、清清楚楚拿钱。

3. 打造清廉文化，提升敬畏感

银行是经营风险特殊行业，守住风险底线不发生重大风险才能稳健发展。分支行在经营发展过程中必须重视清廉金融文化建设，将其作为促进稳健发展的重要抓手。通过创新主题阵地、开展系统教育、深化行为监督、返检实施成效等具体举措，营造清廉文化氛围；培养清廉文化意识，敲响合规案防警钟，筑牢拒腐防变底线，厚植廉洁文化根基，提升员工从业敬畏感，守住风险底线，确保不发生案件，促进分支行健康可持续发展。

一是创新主题阵地，营造清廉文化氛围。 将清廉金融元素融入党建文化、企业文化，丰富载体与内涵，打造特色清廉金融文化教育阵地。教育阵地的内容包括《四大纪律八项要求》《中国共产党廉洁自律准则》等规章制度，详细阐述如何在机关作风建设方面取得成效，如何有效强化工作力量，强调加大学习培训力度、坚持纠治"四风"，从意识形态方面对员工进行深入教育；教育员工算好人生"经济账""政治账""名誉账""亲情账""家庭账""健康账""自由账"，切莫因小失大。同时，展示出十余件具有代表性的真实案例，剖析案例发生的前因后果，指出风险要点，提示员工吸取教训，守住合规底线；展现"家是最小国、国是千万家"及"传家训、树家风、立家规"的标语，让家庭和谐理念在员工心中根深蒂固，提醒员工认识到自己的言行举止对家庭带来的影响，切勿触碰合规红线，以免一失足成千古恨。

二是开展系统教育，培养清廉文化意识。 在全体党员教育方面，可以利用月度主题教育及各类党建活动契机，多次反复强化清廉文化学习，培养政治素质过硬、业务能力较强、带头模范显著的党员干部队伍；在新员工引进方面，要求新入职员工首先进行清廉文化参观学习，将清廉金融文化教育从头抓起；在客户经理、理财经理、柜员和办事员培训方面，要求各条线定期组织参观学习，教育前、中后台员工均要守住合规底线。

三是深化行为监督，敲响合规案防警钟。 在案防方面，分别按月、按季、半年度、年度进行不同形式的监督，如按月召开案防工作会议，按季开展员工行为排查，每半年与员工谈心谈话，每年签订案防承诺书、军令状；在合规方面，定期查询员工征信报告，看是否有员工经商办企业，员工涉诉、失信、被执行等情况，排查员工异常行为，严防员工存在违反"十禁"及岗位禁止性行为规范的行为。

四是返检实施成效，筑牢拒腐防变底线。 在组织架构上，成立清廉金融文化建设及廉洁风险排查防控工作领导小组，常态化开展廉洁风险排查防控工作,将党风廉政建设与各项工作融合推进;在机制建设上,加强对重点领域、机构、部室及岗位廉洁风险点的评估分析,健全全员参与、全岗位覆盖、全过程衔接的排查防控机制;在返检行动上,开展不法贷款中介专项治理行动,深入整治不法贷款中介乱象;定期开展贷后回访工作,了解贷款业务的真实背景,杜绝虚假经营及客户经理违规收取费用等情况的发生。

4. 打造家文化,提升归属感

"家文化"建设对分支行经营管理能起到重要作用,可以增强员工归属感,有利于调动员工的积极性,促进分支行的经营发展。应全力打造"家文化",提升员工归属感。坚持"以奋斗者为本"的管理理念,将分支行"家文化"的建设作为企业文化建设的重点,多措并举开展关心员工、关爱员工的活动,为员工营造一个积极向上的工作氛围、温馨和谐的生活环境,有效提升员工的归属感和幸福感,激发和鼓舞员工干事创业的激情,有效实现分支行高质量发展。

一是做实"家文化"。员工的事就是单位的事,有效落实"五必访、五必贺"行动,让员工在关键时刻感受到组织的温暖。工会主席以及工会牵头部门针对员工生病住院、家庭纠纷、天灾人祸、家中丧事、生活有困难必访;员工生日、结婚、生育、退休、子女高考升学或应征入伍必贺。将关心和祝福送到员工身边,让员工心暖,深感"一方有难,八方支援"。

二是做宽"家文化"。将员工家属纳入"家文化"范畴,建立员工家属群,并统计员工家属生日,将"家文化"延伸至员工家属,让家属感受到单位的温暖,从而更大力度地支持员工的事业,更好地促进企业发展。在员工家属生日当天,安排专门人员在员工家属群里发生日祝福电子卡片,同时,确保当天员工家属收到单位寄送的生日礼物以及分支行行长亲笔签字的感谢信,目的在于拉进单位与家属之间的距离,得到家属对员工事业以及单位发展的全力支持。同时不定期开展家属交流座谈活动,与员工家属进行交流,及时了解员工思想、生活动态,关心员工工作外的生活状况。

三是做细"家文化"。畅通员工提意见的渠道,在分支行内设置意见箱或者电子邮箱,及时收集员工意见或建议,及时解决员工提出的诉求。征求员工意见或建议制订工会计划,确保每月及重大节日都有活动,丰富员工的业余生活。同时,打造"家文化"阵地,发挥内网门户"我们是一家人"专栏的作用,对每位过生日的成员送上专属生日图片和祝福。在文化专栏,及时更新发布各位成员创作的散文、诗歌、社评、书法、绘画及摄影作品等。建立"光荣榜",定期晒出员工荣誉。

四是做严"家文化"。严管就是厚爱,在关心员工工作生活的同时,必须要做严"家文化",及时有效规范员工行为,为员工后续发展奠定基础。制定员工行为规范管理办法,及时通报员工不规范的行为,并给予一定处罚,以规范员工行为,让不规范行为得到规范,规范行为更加规范,逐步实现所有行为均规范,提升员工对外的形象。

第九章

围绕党建如何引领，找准要点促发展

基层党组织是党的战斗堡垒，是党的全部工作和战斗力的基础，也是实现党的领导和执政目标的支撑，基层党组织的功能作用在于推动发展、服务群众、凝聚人心、促进和谐。分支行党组织作为总行党委的一个基层组织，必须抓实党建工作，充分发挥党建引领作用，牢固树立"围绕经营抓党建，抓好党建促发展"的理念，全面推动党建工作和业务工作深度融合。目前，虽然基层党建工作开展得如火如荼，但仍然存在党建工作流于形式、重业务轻党建现象普遍、党建和经营工作未能做到有效融合等问题。由此，要充分加强党建引领作用，有效梳理党建工作要点，理清党建工作思路，构建党建工作体系，推进党业有效融合，充分发挥党建引领作用。

第一节

分支行党组织党建工作现状

基层党组织可以分为基层党委、党总支、党支部和党小组。目前，分支行的党组织一般为基层党委、党总支及党支部，其中基层党委或党总支下设党支部。一般情况下，由分支行行长担任书记，没有配备专职书记或者副书记。分支行组织一般按照总行党委下发的要求及规定动作开展党建工作，比如说日常的党建工作会议、党员学习活动、主题教育活动、党建共建活动及设置党建文化墙等。有部分党组织会根据工作需要，开展具有自身特色的党建活动，活动形式多种多样。从目前实际情况来看，基层党组织大都是按照总行及上级党组织的工作要求完成党建工作任务，缺乏有效的党建工作规划，没有建立自身的党建工作体系，在具体的党建工作上存在一些问题，比如党建工作主动意识薄弱、党建规定动作流于形式、党建工作体系不够完善及党业融合程度不够显著等，这些问题的存在客观反映了基层党组织负责人重视党建工作的意识还有待于进一步提升。

一是党建工作主动意识薄弱。迫于经营指标考核压力，加之有时总行或上级行对党建工作考核力度不够，导致基层党组织负责人的党建工作主动意识薄弱。一方面，对党建工作认识薄弱。党组织主要负责人"重业务，轻党建"的现象比较普遍，认为经营工作是"硬任务"，而党建工作是"软指标"，即使认真完成党建任务也不会对经营指标考核产生多大作用，而不做也不会产生太大的影响。表面上口口声声说非常重视党建工作，但实际行动上却是以虚代实，正所谓"说起来重要，干起来次要，忙起来不要"。另一方面，对党建工作谋划意识薄弱。党组织负责人有时考虑重点在于如何快速完成总行或上级行党委布置的党建工作任务，而忽视基层党建工作的全局谋划，以及建立自身的党建体系及党建工作能否产生实际效果。同时，部分党组织负责人对党建理论知识学习意识薄弱，主动学习的能力不够，党建工作理论知识功底不够扎实，对党务工作流程及相关规定不够清楚、理解不够透彻等。

二是党建规定动作流于形式。为确保党建工作效果，总行党委会根据实际情况要求基层党组织完成相应的党建规定动作，如主题党日活动、晨会微党课、民主生活会、主题教育等。基层党组织基本上能够按时完成这些规定任务，但是从完成情况来看，部分规定任务还存在流于形式嫌疑，只注重有没有完成上级下达的任务，并不在乎是否能够产生作用和效果。很多基层党员怨声载道，认为很多党建工作就是走过场、做形式，严重浪费基层员工工作时间。例如，基层党组织召开主题党日活动，主要操作模式是主要负责人会前安排下属找一份相关文件，会上安排一个人读读，再安排一个人拍照，最后写一个学习报道，再配上几幅学习的画面，往相关群里一发，就证明工作已经完成。同样，召开民主生活会，面对批评与自我批评的环节，大部分党员干部碍于情面，批评与自我批评的措辞和言语浮于表面，不痛不痒，甚至还出现了以批评方式来夸奖对方的现象，并不能真正做到党员干部"红红脸，出出汗"的批评与自我批评。

三是党建工作体系不够完善。 党建工作是一个系统性工程，就像分支行搞经营发展一样，如果业务发展初期没有有效规划，后期发展动力及发展效果将不可持续，甚至会出现"基础不牢，地动山摇"的现象。目前基层党组织的工作体系不够完善，基本上是套用总行或上级行党组的工作体系，缺乏对自身党建工作体系的规划，造成党建工作基本上是"东一榔头西一棒子"，形成不了系统，突出不了重点。主要表现有：一是党建主题不够明确。党建主题是党建工作的根与魂。优秀的党建主题可以促进党建思路和党建文化的形成。目前不少基层党组织党建主题不够明确，缺乏自身的特点和特色，导致党建工作缺乏体系化，党业融合效果不够显著。同时，党建工作也缺乏工作目标和建设标准。二是缺乏有效的党建工作计划。基层党组织基本按照总行或上级党组织的工作计划要求开展工作，对自身的工作缺乏规划，年度内需要开展什么样的党建工作及开展多少次党建活动，自身没有统筹安排。同时，基层组织也缺乏对辖内党员的考核标准，调动不了党员参加党建工作的主动性和积极性。

四是党业融合程度不够显著。 要充分有效发挥党建引领作用，就必须深度开展党业融合工作，确保党建和业务紧密联系，而不是将两者相互隔离，更不能为了党建而抓党建，党建工作不能仅仅走过场或者流于形式。没有党建的引领，业务工作就可能失去正确的目标指向；没有业务的发展，党建工作就可能失去坚实的身躯。所以，要"围绕经营抓党建，抓好党建促发展"。然而，部分分支行基层党组织建设和发展的步伐相对滞后，基层党建工作在目标定位、机制建设、工作部署、活动安排、推动落实及考核约束方面与业务发展融合程度不够，甚至出现分离的状态，形成业务工作走在前、党建工作跟在后，两者互不结合、互不干涉的"两张皮"现象，从而造成基层党组织的战斗堡垒作用不能充分发挥。比如就党建工作和业务工作考核来说，目前主要有两种情况：一种情况是两者是单独考核，考核标准及考核体系不一样；另外一种情况是两个融合在一起考核，党建工作融入业务考核中，作为业务考核一个子项，但考核分数占比较低。

第二节
分支行党组织党建工作要点

分支行基层党组织作为总行党委或上级行党委的重要组成部分，必须严格按照总行党委的要求开展党建工作，确保总行党委确定的党建工作要求有效落地。但分支行基层党组织不能完全照搬照抄总行的党建工作方案，要根据自身的特点及业务经营发展情况，制定切合自身实际的党建工作方案，不能出现生搬硬套的现象，否则会影响党建工作的开展效果。因此，在开展自身党建工作、制定党建工作方案及进行党建工作活动过程中，分支行基层党组织要掌握一些工作要点，如分支行行长要做好表率作用、制定完善的党建工作体系、党建和业务要紧密融合、发挥党员的先锋模范作用等。

一是分支行行长要做好表率作用。 分支行行长大部分是基层党组织的书记，肩负着"一岗双责"，既要抓好经营发展，也要抓好党建工作。因此，分支行行长在党建工作中要做好表率作用，确保党建工作不流于形式，确保党建工作和业务工作有效深入融合，充分发挥党建引领作用。在思想意识上，要高度重视党建工作。党建工作和业务工作同等重要，在注重抓好业务工作的同时，要抓实党建工作，切记不能产生"重业务、轻党建"的思想。否则，其他人就会上行下效，对党建工作的重视程度也会大大减弱。在行动上，要确保规定动作执行到位，必须严格按照上级党组织文件精神及规定动作的要求执行，切记不可流于形式，确保执行效果。同时，党组织负责人必须加强党建理论知识学习，及时更新自身的观念，跟上时代变化，不断调整党建思维，优化党建工作方法，确保基层党建有序、有效开展。

二是制定完善的党建工作体系。 党建工作和业务工作基本一样，要有一个完善的工作体系，这样才能从系统上确保党建工作效果。否则就会犹如蜻蜓点水，效果欠佳。分支行党组织负责人要根据分支行自身的特点、特色以及现有的客观条件，充分思考认真谋划，探索和制定自身的党建工作体系，主要内容包括党建主题、党建工作目标、党建建设标准、党建工作规划或工作计划等。党建主题在党建工作中起到重要作用，是党建工作的魂；党建工作目标及建设标准是推动党建工作努力的方向；党建工作规划或计划是党建工作目标得以实现的支撑和保障。因此，必须制定完善的党建工作体系，以确保党建工作的有效开展，切实发挥党建引领作用。

三是党建工作和业务工作紧密融合。 习近平总书记强调："要处理好党建和业务的关系，坚持党建工作和业务工作一起谋划、一起部署、一起落实、一起检查。"分支行行长承担"一岗双责"责任，就要将党建工作和业务工作紧密融合，切实从目标制定、机制建设、工作部署、活动安排、推动落实及考核约束等方面开展融合工作，确保在整体上实现有效融合。一方面，党建工作和业务工作要有机统一，不能搞"两张皮"。要充分发挥党建引领作用，党建工作抓好了，才能为业务工作提供坚强的政治保证。另一方面，党建工作要紧密结合业务工作来开展，避免出现党建工作"空心化"，通过党建工作引领和推动业务工作，用业务工作来检验党建工作的成效。此外，要改变一些对党建工作和业务工作融合的错误认识，如两者融合不能只体现在会议上，而要在日常工作中相互融合；两者融合不能简单停留在口号上，更要体现在建立完备的融合机制上；两者融合检验成效不是靠年底考核资料来检验的，而要通过年底业绩考核及员工的满意度来体现。

四是发挥党员的先锋模范作用。 一个党员就是党的一面旗帜。"走在前,做示范"是党员先锋模范作用的具体体现。开展基层党建工作要大力调动基层党员的主动性和积极性,充分发挥党员的先锋模范作用。要结合不同党员群体,树立、学习身边榜样,设立党员示范岗,划清党员责任区,引导党员在做好本职工作的同时起到引领示范作用,敢打敢拼,真正做到"平常时候看得出来,关键时刻站得出来,危急关头豁得出来"。要完善党员考核机制,通过制定完善的考核标准,督促党员不断认真学习,提升自身的能力,充分发挥党员的先锋模范作用。

第三节

分支行党组织党建工作思路

习近平总书记在党的二十大报告中指出:"坚持大抓基层的鲜明导向,抓党建促乡村振兴,加强城市社区党建工作,推进以党建引领基层治理,持续整顿软弱涣散基层党组织,把基层党组织建设成为有效实现党的领导的坚强战斗堡垒。"基层党建工作目标是让基层党组织变成党领导的坚强战斗堡垒。目标订立后要选择合适的思路、采取有效的措施,才能确保目标的实现。结合分支行党建工作存在的问题及党建工作的要点,本书认为基层党组织党建工作思路主要是围绕"如何将基层党组织变成党领导的坚强战斗堡垒"目标,构建基层党建工作体系,多措并举推进党建工作和业务工作深度融合,充分发挥党员的先锋模范作用,真正引领分支行高质量发展。

一、构建党建工作体系,发挥党建品牌作用

构建党建工作体系的主要目的在于有效推动党建各项工作的有序开展,让党建工作变得更加系统化、规范化,充分发挥党建引领作用。基层党建工作体系主要包括确定党建品牌、党建标准、党建工作规划或计划、

党建工作考核等。良好完善的党建工作体系可以推动促成党建品牌形成，确保党建工作有效落地。

一是确定党建品牌。确定党建品牌是构建党建工作体系的重要组成部分，起到核心作用。优秀的党建品牌能够让党建工作的思路更加清晰，让党员思想更加统一，让党建工作与业务工作融合更深。因此，构建党建工作体系的首要任务是强化党建品牌建设。党建品牌的建设需要结合基层党组织的特点以及现状，经过深入调查研究，经过党员员工反复研究讨论确定。同时，党建品牌的建设还必须与现有的企业文化建设保持基本一致，要加强两者融合，切记不能搞成"两张皮"。比如一个分支行成立6年时间，资产规模比较大，但业务结构不合理，国有企业贷款占比较大。监管部门及总行要求该分支行必须立即转型，加大民营企业贷款占比，改变贷款结构。结合分支行目前的实际情况，分行党委经过反复研究及征求员工意见、建议，最终确定了"扬帆远航、'五实'求真"的党建主题。"扬帆远航"主要是期望分行未来能够稳健发展，"'五实'求真"主要明确了分行业务结构转型的目标、方向及措施。

二是明确党建标准。党建工作标准是做好基层党组织党建工作的指引。在构建党建工作体系时，必须明确党建工作标准，让各项党建工作有标准可依、有方向可找。党建标准的建设需在符合总行党委党建要求及结合分支行基层党组织自身特点的基础上提炼而成。比如，某分支行党组织确定了"五融四强"的党建标准。"五融"是指党建融入经营业务、党建融入社区驻地、党建融入本职岗位、党建融入绩效考核、党建融入乡村振兴；"四强"是指政治引领力强、发展推动力强、团结凝聚力强、廉洁约束力强。

三是明确党建计划。党建工作计划是推动党建工作有效落地的具体措施。应根据总行党委的党建工作要求及结合自身的实际情况，制定党建规划或者按年制订党建工作的工作计划。党建工作计划与业务经营发展工作计划应充分融合，真正有效推动各项业务发展以及各项考核指标完成。如某分支行年初制订党建工作计划时，充分考虑业务工作及团群工会工作等，明确了每个月的活动及相应的规定动作，并配套了考核政策。

四是明确党建考核。建立党建考核制度是推动党建工作有效落地的具体保障。制定党建考核标准时，必须将党建考核与业务考核相结合，实现两者有效融合，目的在于推动党建工作全面有效落地，同时有效推动各项业务有序发展。要制定党员的评先评优标准，促进党员提高思想认识，激励党员担当作为，充分发挥党员的先锋模范作用。比如，某分支行基层党组织年初制定了优秀党员的评选标准及党建考核办法，将党建考核得分作为业务考核得分的调节系数。

二、推进党业深度融合，发挥党建引领作用

党建工作是业务工作的基础保证，决定着业务工作的政治方向；业务工作是党建工作的效果体现，是检验党建工作成效的重要标准，两者深度融合是全面从严治党的必然要求。习近平总书记强调："要处理好党建和业务的关系，坚持党建工作和业务工作一起谋划、一起部署、一起落实、一起检查。"因此，必须在党建工作的谋划、部署、落实、监督等四个方面下功夫，这样才能推进党建工作和业务工作的深度融合，充分发挥党建引领作用。

一是工作谋划深度融合。分支行党组织在党建工作和业务工作的谋划上必须实现深度融合，实现你中有我、我中有你，长远共存，真正让党建起到引领、推动业务的作用。在制定经营发展规划时，分支行党组织必须将党建工作作为规划的重要部分，充分考虑近期及下阶段党建工作的开展情况。同样的，在开展党建工作规划时，要充分考虑未来几年业务发展情况，充分发挥党建在业务推动、落实等方面的引领作用。

二是工作部署深度融合。分支行基层党组织应将党建工作和业务工作同部署、同推进，实现在工作部署方面深度融合。要将党建工作作为根本要求贯彻至业务工作的全过程，将党组织对党员的教育、管理、监督等工

作职责渗透到业务全过程。在制订年度工作计划时,将党建工作纳入其中,同部署、同推进、同考核。

三是工作落实深入融合。分支行基层党组织在强化政治理论学习、党风廉政教育时,要强化业务工作的落实。而在全面推动业务工作落实的同时,要高度重视党建工作成果的充分运用。比如,把业绩指标作为优秀共产党员和优秀党支部评选的重要标准。在开展评选时,要考虑被评选人或机构的业务经营指标完成情况,对于经营考核排名靠后的人员或单位,即使党建工作做得好,也不得评为优秀;再比如,在评选先进单位时,同样考虑党建工作的完成情况,对于党建工作完成情况较差的,也不得被评为先进单位。

四是工作监督深度融合。分支行党组织在监督检查上必须实现党建工作和业务工作的深度融合,充分发挥党内监督机制,尤其是在业务发展上的监督作用。重大事项要经过党组织会议研究决定,如分支行的"三重一大"事项在经过行办会审议通过后,还要经过党组织会议审议通过,才能产生效力。此外,也要充分发挥对党员干部的监督机制,党员干部在业务经营发展过程中要遵守纪律,守住底线。

三、加强党员队伍建设,发挥先锋模范作用

党员是基层党组织的肌体细胞和行为主体,党组织的先进性最终要靠党员的先进性来体现。党员的先进性主要体现在是否有坚定的理想信念、良好的党性修养、较强的学习实践能力及先锋模范作用。但是,党员的先进性并不是与生俱来的,需要不断学习实践、长期艰苦磨炼才能形成。应加强党员队伍建设,通过开展学习教育活动、设立党员先锋岗以及明确党员责任体系等措施,有效推动党员干部充分发挥先锋模范作用。

一是开展学习教育活动。通过学习教育活动的开展,督促党员干部在理想信念、党性修养、学习实践等能力方面得到不断提升。一方面要提高政治站位。持续深入开展学习教育活动,加强党员队伍思想建设,带领党

员干部"学党史、悟思想、办实事、开新局",提高党员干部的思想认识和政治站位,要求党员干部正确把握"职业标准"和"党员标准",既要成为一个"好员工",也要成为一个"好党员"。另一方面,要提高业务能力。加强自身业务学习和锻炼,不断提升自身的业务能力,让自己成为岗位上的行家能手,真正起到引领示范作用。

二是设立党员先锋岗。 根据实际工作需要,可以在分支行各岗位序列持续开展党员"亮身份,比贡献"活动,建立党员先锋岗;要求党员要充分发挥先锋模范作用,在工作中多扛责任、在发展上多挑担子;从领导干部到基层员工,要坚持"拎包下乡"、勤跑客户、多进企业;要上下联动、多方组合,汇聚发展正能量,打造出一支党员示范先锋队。

三是建立党员责任体系。 党员干部要严格落实"一岗双责",执行"明责履责、考责问责"的党建工作责任体系,把所有基层党组织握成一个强有力的"拳头",推动分支行的高质量发展。要完善党员"积分制"评价机制,明确党员在思想政治、群团活动、工作业绩方面的考核评价标准,并将评价结果作为党员评先评优、基层党组织评选先进的重要依据。

后　记

　　时光荏苒、岁月如梭，转眼间，本人在农商银行系统工作年限超十三载。在有限的岁月我经历过全方位多岗位的锻炼，积累了不少岗位知识和工作经历，提升了自身对银行岗位工作的看法，形成了初步的经营管理工作思路，并取得了不错的成绩。但随着经济环境日趋繁杂以及银行业"内卷"日趋激烈，农商银行也逐步由舒适区走向压力区，经营管理模式发生了较大的调整和改变，由原来不愁客户的"甲方"变成了"乙方"，由等客上门并挑三拣四向主动拓展客户并被客户挑选转变。作为银行的基层单位，分支行的业绩以及风险管控压力油然而生，不但要愁贷款能否放得出去，还要愁贷款到期能不能按时收回。同时，分支行的压力更多的是分支行行长的压力。分支行行长看似风光的外表背后，隐藏着许多的辛酸苦辣。面对这种境况，如何及时调整并理顺经营管理思路，是分支行行长不得不面对和思考改变的问题。我结合自身的经历，撰写本书的主要动因有：一是刚担任分支行行长岗位之初，由于没有从事过基层营销岗位而害怕失败、深感恐惧，试图找到一套做好分支行行长的秘诀或者值得参考的经营思路；二是从事分支行行长之后，经常察觉到身边其他分支行行长面对经营发展的痛苦和压力，特别是看到初任分支行行长因经营业绩完成不理想两三年就被淘汰的惨烈现状，自己却无能为力，欲将自己的浅薄的经营管理思路和想法撰写出来以供参考，期许能够起到抛砖引玉的作用，引发同岗位人员的思考以作出有益的改变，提高自身的经营管理能力。

　　本书的主要内容是将自己从事分支行行长期间用"心"经营、用

"情"管理的浅薄感悟总结出来，形成分支行行长经营管理之道。提出分支行行长需要具备"四个品格""五个能力"，充分发挥党建引领作用，在坚持"以客户为中心"和"以奋斗者为本"的理念的前提下，围绕渠道、服务、风控、效益、机制、文化、党建等七个方面开展经营管理工作，以有效达成目标任务，实现稳健可持续发展。这可供初任分支行行长或无头绪迷茫状态的"同行者"参考，帮助其理顺经营管理思路，有效提高经营管理质效。但是"一千个人眼中有一千个哈姆雷特"，每个人对银行的经营思路和管理方法有着不同的看法和见解，没有一套能够迅速解决所有银行经营管理问题的完美对策。本书希望能够起到抛砖引玉的作用，让大家能够开始思考并能做出有益的改变，真正做好银行的经营管理工作，让自己的事业更加顺利，让单位的发展更加稳健。但因篇幅以及本人经验有限，本书中有些经验介绍只是蜻蜓点水，未能详细地介绍和分享。

经过三年多的反复琢磨构思及将近三个多月的挑灯撰写，本书从一些零散文字，到形成雏形架构，再经反复打磨修改，目前已成型定稿。在此，非常感谢总行领导的精心指导和大力帮助，感谢他们给予我多岗位平台锻炼和基层学习实践的机会，感谢他们在日常经营管理工作过程中帮助我理顺经营管理思路，形成自己的经营管理模式。同时，也非常感谢与我一同奋战在基层一线的小伙伴们，很多想法是通过与他们交流实践形成的，很多想法也得益于他们付诸行动从而变成成熟的经验。

最后，由于本人水平以及工作经验有限，书中有些观点难免有不足之处或者仅为一家之言，能否对他人起到借鉴作用，还有待进一步商榷，敬请广大读者朋友批评指正。